"十二五"职业教育国家规划立项教材配套用书

会计电算化上机指导

Kuaiji Diansuanhua Shangji Zhidao

（T3 云平台）

（第二版）

曹小红　李　辉　主编

高等教育出版社·北京

内容提要

本书是"十二五"职业教育国家规划立项教材《会计电算化（T3 云平台）》（第二版）（ISBN 978-7-04-055717-6）的配套用书，是在第一版的基础上修订而成的。

本书由课堂上机训练、课后上机训练和基本理论知识训练 3 部分组成。其中，第 1 部分与主教材的内容框架保持一致，将案例企业连续 3 个月的业务资料分三个层次设计了 20 个相对完整的上机训练；第 2 部分在提炼、整理一家小型制造业企业两个月业务资料的基础上，分两个层次设计了 14 个相对完整的上机训练，配以相应的操作指导；第 3 部分由单项选择题、多项选择题和判断题三种客观题组成。

本书配有学习卡，可浏览或下载训练答案、账套数据等教学资源。

本书既可作为中等职业学校会计电算化专业及相关财经类专业"会计电算化"课程的配套用书，也可作为在职财会人员会计电算化岗位培训上机实验指导教材。

图书在版编目（ＣＩＰ）数据

会计电算化上机指导 ：T3云平台 / 曹小红, 李辉主编. -- 2版. -- 北京 ： 高等教育出版社，2021.9
ISBN 978-7-04-056407-5

Ⅰ. ①会… Ⅱ. ①曹… ②李… Ⅲ. ①会计电算化-中等专业学校-教学参考资料 Ⅳ. ①F232

中国版本图书馆CIP数据核字(2021)第129357号

策划编辑	陈伟清	责任编辑	刘 睿	特约编辑	张翠萍	封面设计 张 志
版式设计	杜微言	责任校对	窦丽娜	责任印制	刘思涵	

出版发行　高等教育出版社
社　　址　北京市西城区德外大街4号
邮政编码　100120
印　　刷　北京新华印刷有限公司
开　　本　889 mm×1194 mm　1/16
印　　张　9
字　　数　180 千字
购书热线　010-58581118
咨询电话　400-810-0598

网　　址　http://www.hep.edu.cn
　　　　　http://www.hep.com.cn
网上订购　http://www.hepmall.com.cn
　　　　　http://www.hepmall.com
　　　　　http://www.hepmall.cn
版　　次　2017 年 6 月第 1 版
　　　　　2021 年 9 月第 2 版
印　　次　2021 年 9 月第 1 次印刷
定　　价　20.80 元

本书配套的数字化资源获取与使用

 Abook 教学资源

本书配套习题参考答案等教学资源，请登录高等教育出版社 Abook 网站 http://abook.hep. com.cn/sve 获取。详细使用方法见本书"郑重声明"页。

注册	登录	绑定课程
访问网站 abook.hep.com.cn/sve 自行设定用户名、密码，留下常用邮箱	需匹配用户名 密码、验证码	输入教材封底所附学习卡 上的密码，免费获取资源

扫码下载 App

第二版前言

《会计电算化》主教材修订为第二版,与之配套的上机指导也需要做相应的修订和完善。

本书依据 T3 会计软件的升级,在保留第一版结构的基础上对原书中的操作步骤、案例数据进行了修改与更新。

本书由曹小红、李辉任主编,参与编写的人员还有王小捷、王香、陈克文。

为了方便教师教学和学生自学,本书配有学习卡资源,提供参考答案,详细使用说明见本书"郑重声明"页。

由于编者水平有限,书中疏漏之处在所难免,敬请广大读者批评指正。读者意见反馈信箱:zz_dzyj@pub.hep.cn。

编　者
2021 年 4 月

第一版前言

随着信息技术在会计领域中的广泛应用,对会计人员在会计电算化知识方面和财务软件操作方面的要求越来越高。为了帮助学生在学习会计电算化知识的过程中不断提高财务软件操作能力,我们依据教育部《中等职业学校会计电算化专业教学标准》和现行财经法规的有关规定,编写了这本上机指导书,并与《会计电算化(畅捷通 T3 版)》(ISBN 978-7-04-046722-2)教材配套使用。

我们本着"必需、够用"原则,以满足"因材施教,分层教学"需求为目的,兼顾会计电算化的工作环境、基本操作、基本理论知识等会计人员培训内容,在本书中设计了课堂上机、课后上机和基本理论知识 3 部分的训练。其中,课堂上机训练围绕工资、固定资产、总账、财务报表、购销存、核算等子系统的基本操作技能设计了 20 个训练,案例数据取自主教材的各举例资料,特别适合课堂教学与机房训练,涉及软件操作的关键结点提供了可核对的训练结果数据;课后上机训练是参照历年会计从业人员继续教育培训和全国职业院校会计专业技能比赛的样卷,对某企业财务软件应用案例进行提炼、整理后设计了 14 个训练,特别适合学生在学习之余开展上机训练,每个训练提供简明的上机指导,涉及软件操作的关键结点也提供了可核对的训练结果数据;基本理论知识训练包括单项选择题、多项选择题和判断题,内容精练,重点突出。通过学习本书,既可提高财务软件操作技能,又可提高学生的会计电算化理论水平,进而达到会计电算化初级应用水平的目的。

本书配有学习卡,可浏览或下载训练答案、账套数据等资源,方便教师和学生对照使用。

本书由海南省商业学校曹小红担任主编。参与编写的人员还有海南省商业学校李辉和王香,海南省农业学校陈克文,广州市财经职业学校李梅。曹小红负责全书的统稿和定稿工作。

在编写的过程中,畅捷通信息技术股份有限公司为本书的编写提供了教学软件,在此表示衷心的感谢。

由于编者时间仓促、水平有限,书中疏漏之处在所难免,敬请广大读者批评指正。读者意见反馈信箱:zz_dzyj@pub.hep.cn。

编　者
2017 年 4 月

目　　录

第 1 部分　课堂上机训练

　　本部分上机训练以 T3 云平台为应用软件,以《会计电算化(T3 云平台)》(第二版)(曹小红主编,ISBN 978-7-04-055717-6),高等教育出版社,2021 年 3 月出版)为蓝本指导学生进行会计软件上机训练。限于篇幅,这里只给出训练目的、训练资料、训练要求和训练参考四个栏目内容,而训练步骤、训练时间以及涉及的相关概念请参见主教材。其中,设计训练参考栏目的目的是便于学生核对训练结果。

方案 1.1　工资系统与固定资产系统独立应用

训练 1.1.1　账 套 管 理

 训练目的

通过本次上机训练,能正确建立账套;能正确设置操作员及其相关权限;学会维护账套。

训练资料

1. 账套信息

(1) 账套号:002。

(2) 账套名称:海口秀英服装有限公司。

(3) 账套路径:默认系统提供的路径。

(4) 启用会计日期:2021 年 1 月 4 日。

(5) 会计期间设置:1 月 1 日至 12 月 31 日。

2. 单位基本信息

(1) 海口秀英服装有限公司(简称秀英公司,后同)是专门从事服装批发业务的商贸企业,公司法定代表人为陈志伟。

(2) 公司开户银行:中国工商银行海口秀英支行(账号为 0246010500106653251)。

(3) 公司为一般纳税人(纳税登记号为 914601050995461202)。

(4) 公司地址:海口市秀英区东山大道 26 号(电话为 0898-60228226)。

3. 核算类型

(1) 记账本位币:人民币(RMB)。

(2) 企业类型:商业。

(3) 行业性质:小企业会计准则(2013 年)。

4. 分类编码方案

(1) 科目编码级次:4-2-2-2。

(2) 其他编码方案按系统默认设置。

5. 系统操作员及其相关权限

系统操作员及其相关权限见表 1-1-1。

表 1-1-1

系统操作员及其相关权限

编码	人员姓名	部门	岗位	权限	工作职责
01	章宏斌	财务部	财务经理	账套主管	负责协调会计软件的管理与运行
02	朱 风	人力资源部	管理人员	工资管理	编制工资表
03	郭永涛	设备部	管理人员	固定资产	负责固定资产的管理

 训练要求

启动软件;建立新账套;设置操作员及其赋权;备份与恢复账套数据。

 训练参考

操作至此,本次训练的账套数据已备份至 http://abook.hep.com.cn/sve 本课程的"秀英账套数据 / 活动 2.1.4 维护账套"中。

训练 1.1.2　设置部门档案和职员档案

 训练目的

通过本次上机训练,能正确设置部门档案和职员档案。

 训练资料

1. 部门档案

部门档案见表 1-1-2。

表 1-1-2

部 门 档 案

编码	部门名称	负责人	编码	部门名称	负责人
1	总经理办公室	陈志伟	5	仓管部	李 丽
2	财务部	章宏斌	6	人力资源部	王 勇
3	销售部	李 飞	7	设备部	李艳芳
4	采购部	刘 越			

2. 职员档案

职员档案见表1-1-3。

表1-1-3

职 员 档 案

人员编码	人员姓名	所属部门	职员属性	性别	银行名称	银行账号
101	陈志伟	总经理办公室	经理人员	男	中国工商银行	4601050000000033001
102	陈 军	总经理办公室	管理人员	男	中国工商银行	4601050000000033002
201	章宏斌	财务部	经理人员	男	中国工商银行	4601050000000033003
202	陈 宏	财务部	管理人员	男	中国工商银行	4601050000000033004
203	王 欢	财务部	管理人员	女	中国工商银行	4601050000000033005
301	李 飞	销售部	经理人员	男	中国工商银行	4601050000000033006
302	夏 雪	销售部	业务人员	女	中国工商银行	4601050000000033007
303	王 静	销售部	业务人员	女	中国工商银行	4601050000000033008
304	王长生	销售部	业务人员	男	中国工商银行	4601050000000033009
401	刘 越	采购部	经理人员	男	中国工商银行	4601050000000033010
402	肖 冰	采购部	业务人员	男	中国工商银行	4601050000000033011
501	李 丽	仓管部	经理人员	女	中国工商银行	4601050000000033012
502	刘 兴	仓管部	管理人员	男	中国工商银行	4601050000000033013
601	王 勇	人力资源部	经理人员	男	中国工商银行	4601050000000033014
602	朱 风	人力资源部	管理人员	男	中国工商银行	4601050000000033015
701	李艳芳	设备部	经理人员	女	中国工商银行	4601050000000033016
702	郭永涛	设备部	管理人员	男	中国工商银行	4601050000000033017

 训练要求

设置部门档案;设置职员档案。

 训练参考

操作至此,本次训练的账套数据已备份至http://abook.hep.com.cn/sve本课程的"秀英账套数据/活动2.2.2设置职员档案"中。

训练 1.1.3　建立工资账套和设置基础档案

 训练目的

通过本次上机训练,能正确建立工资账套;能正确录入基础档案和工资期初数据。

 训练资料

(1) 启用工资系统。

(2) 启用日期:2021 年 1 月 4 日。

(3) 工资类别个数:单个。

(4) 要求从工资系统中代扣个人所得税。

(5) 人员编码长度:3 位。

(6) 人员类别:经理人员、管理人员、业务人员。人员附加信息:性别。

(7) 代发工资的银行:中国工商银行海口秀英支行。

(8) 个人账号定长:19 位。录入时自动带出账号 17 位。

(9) 发放工资的人员档案见表 1–1–3。

(10) 工资项目构成见表 1–1–4。

表 1–1–4

工资项目构成

工资项目	类型	长度	小数位数	增减项
岗位工资	数字	7	2	增项
绩效工资	数字	7	2	增项
伙食补助	数字	6	2	增项
交通费补贴	数字	6	2	增项
应发合计	数字	10	2	增项
上一年度月平均工资	数字	10	2	其他
个人社会保险费	数字	6	2	减项
个人住房公积金	数字	6	2	减项
代扣税	数字	6	2	减项
扣款合计	数字	10	2	减项
实发合计	数字	10	2	增项
企业社会保险费	数字	6	2	其他
企业住房公积金	数字	6	2	其他

训练要求

建立工资账套;设置人员类别、人员附加信息和银行名称;设置工资项目;设置人员档案。

 训练参考

操作至此,本次训练的账套数据已备份至 http://abook.hep.com.cn/sve 本课程的"秀英账套数据 / 活动 2.3.4 设置工资项目"中。

训练 1.1.4　应用工资系统

 训练目的

通过本次上机训练,能正确录入工资期初数据;进行工资账表查询和月末处理。

 **训练资料**

2021 年 1 月基本工资见表 1-1-5。

表 1-1-5

2021 年 1 月基本工资

部门	人员类别	人员编号	姓名	岗位工资	绩效工资	上一年度月平均工资
总经理办公室	经理人员	101	陈志伟	6 000.00	3 900.00	14 850.00
	管理人员	102	陈 军	3 400.00	2 210.00	8 415.00
财务部	经理人员	201	章宏斌	4 000.00	2 600.00	9 900.00
	管理人员	202	陈 宏	3 400.00	2 210.00	8 415.00
		203	王 欢	3 000.00	1 950.00	7 425.00
销售部	经理人员	301	李 飞	3 600.00	2 340.00	8 910.00
	业务人员	302	夏 雪	3 200.00	2 080.00	7 920.00
		303	王 静	3 200.00	2 080.00	7 920.00
		304	王长生	3 000.00	1 950.00	7 425.00
采购部	经理人员	401	刘 越	3 600.00	2 340.00	8 910.00
	业务人员	402	肖 冰	3 000.00	1 950.00	7 425.00
仓管部	经理人员	501	李 丽	3 400.00	2 210.00	8 415.00
	管理人员	502	刘 兴	3 000.00	1 950.00	7 425.00

続表

部门	人员类别	人员编号	姓名	岗位工资	绩效工资	上一年度月平均工资
人力资源部	经理人员	601	王　勇	3 600.00	2 340.00	8 910.00
	管理人员	602	朱　凤	3 000.00	1 950.00	7 425.00
设备部	经理人员	701	李艳芳	3 200.00	2 080.00	7 920.00
	管理人员	702	郭永涛	3 000.00	1 950.00	7 425.00

训练要求

录入工资期初数据;查询工资账表;进行工资系统月末处理。

训练参考

操作至此,本次训练的账套数据已备份至 http://abook.hep.com.cn/sve 本课程的"秀英账套数据 / 活动 2.3.6 工资系统月末处理"中。

训练 1.1.5　建立固定资产账套和设置参数

训练目的

通过本次上机训练,能正确建立固定资产账套;能正确设置固定资产系统参数和资产类别。

训练资料

(1) 启用固定资产系统。

(2) 启用日期:2021 年 1 月 4 日。

(3) 固定资产系统参数见表 1–1–6。

表 1–1–6

固定资产系统参数

参数	设置内容
约定与说明	我同意
启用月份	2021 年 1 月
折旧信息	① 本账套计提折旧;折旧方法:平均年限法(一) ② 折旧汇总分配周期:1 个月;当(月初已计提月份 = 可使用月份 –1)时,将剩余折旧全部提足

参数	设置内容
编码方式	① 资产类别编码方式:2-1-1-2 ② 固定资产编码方式:按"类别编号 + 序号"自动编码 ③ 卡片序号长度:3
财务接口	与账务系统不进行对账

(4) 资产类别汇总表见表 1-1-7。

表 1-1-7

资产类别汇总表

编码	类别名称	使用年限 / 工作总量	净残值率	计提属性	折旧方法
01	房屋			正常计提	平均年限法(一)
011	办公楼	30 年	2%	正常计提	平均年限法(一)
02	机器			正常计提	平均年限法(一)
021	办公设备	5 年	5%	正常计提	平均年限法(一)
022	经营设备	5 年	5%	正常计提	平均年限法(一)
03	运输工具	10 年,500 000 千米	5%	正常计提	工作量法

 训练要求

启用固定资产系统;建立固定资产账套;设置资产类别。

 训练参考

操作至此,本次训练的账套数据已备份至 http://abook.hep.com.cn/sve 本课程的"秀英账套数据 / 活动 2.4.2 设置资产类别"中。

训练 1.1.6　应用固定资产系统

 训练目的

通过本次上机训练,能正确录入固定资产原始卡片;能进行固定资产账表查询和月末处理。

 训练资料

固定资产原始卡片见表 1-1-8。

表 1-1-8

固定资产原始卡片

固定资产名称	固定资产编号	所在部门	增加方式	可使用年限/工作总量	开始使用日期	原值	净残值率	已提月份/工作量	累计折旧	折旧方法
办公楼	011001	总经理办公室	在建工程转入	30 年	2017 年 6 月 10 日	1 500 000.00	3%	42	170 300.00	平均年限(一)法
联想电脑	021001	总经理办公室	直接购入	5 年	2018 年 1 月 1 日	10 000.00	5%	35	5 699.67	平均年限(一)法
联想电脑	021002	人力资源部	直接购入	5 年	2017 年 12 月 1 日	5 000.00	5%	36	2 850.00	平均年限(一)法
联想电脑	021003	财务部	直接购入	5 年	2017 年 12 月 1 日	5 000.00	5%	36	2 850.00	平均年限(一)法
联想电脑	021004	销售部	直接购入	5 年	2017 年 12 月 1 日	5 000.00	5%	36	2 850.00	平均年限(一)法
联想电脑	021005	采购部	直接购入	5 年	2017 年 12 月 1 日	5 000.00	5%	36	2 850.00	平均年限(一)法
打印机	021006	销售部	直接购入	5 年	2017 年 12 月 1 日	1 500.00	5%	36	855.00	平均年限(一)法
熨床	022001	销售部	直接购入	5 年	2018 年 12 月 1 日	20 000.00	5%	24	7 600.00	平均年限(一)法
折叠输送机	022002	仓管部	直接购入	5 年	2018 年 12 月 1 日	45 000.00	5%	24	17 100.00	平均年限(一)法
广汽丰田轿车	03001	总经理办公室	直接购入	500 000 千米	2018 年 1 月 1 日	200 000.00	5%	70 000	2 216.67	工作量法
合计						1 796 500.00			210 963.34	

训练要求

　　录入固定资产原始卡片;查询固定资产卡片和固定资产原值一览表;计提固定资产折旧;固定资产月末结账。

 训练参考

　　操作至此,本次训练的账套数据已备份至 http://abook.hep.com.cn/sve 本课程的"秀英账套数据 / 活动 2.4.5 固定资产系统月末处理"中。

方案 1.2　财务系统集成应用

训练 1.2.1　设置基础信息

 训练目的

通过本次上机训练,能正确设置总账系统参数;能正确设置往来单位、会计科目、项目档案、凭证类别等。

 训练资料

(1) 修改账套基础信息。秀英公司要按行业性质预置科目;要进行外币核算;要对供应商和客户进行分类。

(2) 启用总账系统。启用日期为 2021 年 2 月 1 日。

(3) 补充及修改系统操作员及其相关权限,见表 1-2-1。

表 1-2-1

系统操作员及其相关权限

编码	人员姓名	部门	岗位	权限
04	陈　宏	财务部	会计	总账、工资管理、固定资产管理
05	王　欢	财务部	出纳	总账中的出纳签字、现金管理

(4) 设置总账系统参数见表 1-2-2。

表 1-2-2

总账系统参数

参数	设置内容
凭证	① 制单序时控制 ② 不进行支票控制 ③ 资金及往来赤字控制 ④ 允许修改、作废他人填制的凭证 ⑤ 凭证编号方式:系统编号

参数	设置内容
凭证	⑥ 打印凭证页脚姓名 ⑦ 出纳凭证必须经由出纳签字 ⑧ 外币核算:固定汇率 ⑨ 不进行预算控制
账簿	① 账簿打印位数、每页打印数按软件的标准设置(依据默认设置) ② 明细账打印按年排页
会计日历	会计日历为 2021 年 1 月 1 日—2021 年 12 月 31 日
其他	① 数量小数位和本位币精度均设为 2 位,单价小数位设为 4 位 ② 部门、个人和项目按编码排序

(5) 客户分类信息见表 1-2-3。

表 1-2-3

客户分类信息

分类编码	名称	分类编码	名称
01	零售商	02	批发商

(6) 客户档案信息见表 1-2-4。

表 1-2-4

客户档案信息

客户编码	客户名称	客户简称	所属分类	币种	税号	开户银行	银行账号	地址	电话
001	海口市联华商贸有限公司	联华商场	01	人民币	91460105037937810l	中国工商银行海口秀英支行	0246001004105321350	海口市秀英区长滨大道甲1号	0898-62106248
002	海口市嘉兴商贸有限公司	嘉兴公司	02	人民币	914601052796101033	中国工商银行海口秀英支行	0246001005102501883	海口市秀英区东山大道17号	0898-65624101
003	广州市华润商贸有限公司	华润公司	02	人民币	914401036970363112	中国工商银行广州站前街支行	024401006625010513	广州市荔湾区站前街甲8号	020-45317201

（7）供应商分类信息见表1-2-5。

表1-2-5

供应商分类信息

分类编码	分类名称	分类编码	分类名称
01	服装商	03	代销商
02	批发商	04	运输商

（8）供应商档案信息见表1-2-6。

表1-2-6

供应商档案信息

供应商编码	供应商名称	供应商简称	所属分类	币种	税号	开户银行	银行账号	地址	电话
001	广州大悦服装有限公司	大悦公司	01	人民币	91440106056666677	中国工商银行广州天河支行	0204405010106130625	广州市天河路8号	020-52012825
002	广州正祥服饰有限公司	正祥公司	02	人民币	91440605763367651	中国工商银行广州越秀支行	0244010006625010513	广州市湖滨北路98号	020-48201246
003	海口演东服装有限公司	演东公司	03	人民币	91460105017901233O	招商银行海口市致民分理处	5532505362105312	海口市秀英区致民东路6号	0898-62241268
004	海口南方运输有限责任公司	南方运输	04	人民币	91460105098757758B	招商银行海口市明光分理处	5532505362106783	海口市秀英区明光东路11号	0898-62273685

（9）结算方式见表1-2-7。

（10）外币币符:$;币名:美元;固定汇率1:6.946 7。

（11）开户银行编号:01;开户行全称:中国工商银行海口秀英支行;账号:0246010500106653251。

（12）会计科目及其期初余额见表1-2-8。

表 1-2-7

结 算 方 式

编码	名称	票据管理	编码	名称	票据管理
1	现金		301	现金支票	是
2	网上银行		302	转账支票	是
201	工行网银		4	银行汇票	
202	支付宝		5	同城特约委托	
3	支票		6	其他	

表 1-2-8

会计科目及其期初余额表

科目编码	科目名称	辅助账	余额方向	期初余额
1001	库存现金	日记	借	2 841.48
1002	银行存款		借	608 538.04
100201	工行存款	银行、日记	借	608 538.04
100202	美元存款	银行、日记	借	
1122	应收账款	客户往来	借	33 900.00
1221	其他应收款	个人往来	借	2 000.00
1402	在途物资		借	
1405	库存商品	项目核算	借	590 000.00
1601	固定资产		借	1 796 500.00
1602	累计折旧		贷	216 588.07
2001	短期借款		贷	100 000.00
2202	应付账款		贷	84 750.00
220201	暂估应付账款		贷	
220202	一般应付账款	供应商往来	贷	84 750.00
2211	应付职工薪酬		贷	117 644.11
221101	职工工资		贷	
221102	职工福利费		贷	17 610.00
221103	社会保险费		贷	52 647.71
22110301	社会保险费（个人）		贷	15 228.68
22110302	社会保险费（企业）		贷	37 419.03

科目编码	科目名称	辅助账	余额方向	期初余额
221104	住房公积金		贷	34 808.40
22110401	住房公积金（个人）		贷	17 404.20
22110402	住房公积金（企业）		贷	17 404.20
221105	工会经费		贷	2 515.00
221106	职工教育经费		贷	10 063.00
221109	其他		贷	
2221	应交税费		贷	16 022.92
222101	应交增值税		贷	
22210101	进项税额		借	
22210103	销项税额		贷	
22210105	转出未交增值税		借	
222102	未交增值税		贷	3 900.00
222103	应交所得税		贷	11 400.00
222104	应交个人所得税		贷	332.92
222105	应交城市维护建设税		贷	273.00
222106	应交教育费附加		贷	117.00
3001	实收资本		贷	2 000 000.00
3101	盈余公积		贷	59 875.00
310101	法定盈余公积		贷	59 875.00
3103	本年利润		贷	45 600.00
3104	利润分配		贷	393 299.42
310401	提取法定盈余公积		贷	
310405	未分配利润		贷	393 299.42
5001	主营业务收入	项目核算	贷	
5401	主营业务成本	项目核算	借	
5403	税金及附加		借	
5601	销售费用		借	0.00

科目编码	科目名称	辅助账	余额方向	期初余额
560101	办公费		借	
560102	差旅费		借	
560103	折旧费		借	
560104	业务招待费		借	
560105	职工薪酬		借	
560119	其他		借	
5602	管理费用		借	0.00
560201	办公费	部门核算	借	
560202	差旅费	部门核算	借	
560203	折旧费	部门核算	借	
560204	业务招待费	部门核算	借	
560205	职工薪酬		借	
560210	其他		借	
5603	财务费用		借	0.00
560301	利息支出		借	
560302	利息收入		贷	
560303	汇兑损益		借	
560304	现金折扣		借	
5801	所得税费用		借	

（13）将"库存现金"科目指定为"现金总账科目"；将"银行存款"科目指定为"银行总账科目"。

（14）项目档案信息见表1-2-9。

表1-2-9

项目档案信息

项目大类	商品项目管理	
核算科目	库存商品、主营业务收入、主营业务成本	
项目分类	1 高档服装	2 一般服装
项目目录	101 女式套装	201 男式上衣 202 男式裤子 203 女式毛衣

（15）凭证类别：记账凭证。

训练要求

启用总账系统；设置总账系统参数；设置往来单位信息；设置结算方式、外币核算和开户银行；设置会计科目；设置凭证类别和项目档案。

训练参考

操作至此，本次训练的账套数据已备份至 http://abook.hep.com.cn/sve 本课程的"秀英账套数据 / 活动 3.1.5 设置项目档案和凭证类别"中。

训练 1.2.2　总账系统初始设置

训练目的

通过本次上机训练，能正确录入总账系统期初余额并进行试算平衡。

训练资料

（1）会计科目及其期初余额参见表 1-2-8。

（2）应收账款期初余额见表 1-2-10。

表 1-2-10

应收账款期初余额

开票日期	凭证号	客户	摘要	方向	金额	业务员	票号	票据日期
2020-12-21	记 -13	华润公司	销售商品	借	33 900.00	夏雪		2020-12-20

（3）应付账款期初余额见表 1-2-11。

表 1-2-11

应付账款期初余额

开票日期	凭证号	供应商	摘要	方向	金额	业务员	票号	票据日期
2020-12-21	记 -15	大悦公司	采购商品	贷	84 750.00	刘越		2020-12-20

（4）其他应收款期初余额见表 1-2-12。

表 1-2-12

其他应收款期初余额

日期	凭证号	部门	个人	摘要	方向	金额
2020-12-29	记-30	财务部	王欢	临时借款	借	2 000.00

（5）库存商品期初余额（只要求输入金额）见表 1-2-13。

表 1-2-13

库存商品期初余额

项目	数量	进货单价	方向	金额
男式裤子	2 000	100.00	借	200 000.00
女式套装	400	750.00	借	300 000.00
女式毛衣	400	150.00	借	60 000.00
男式上衣	100	300.00	借	30 000.00

 训练要求

录入基本科目的期初余额；录入有辅助核算科目期初余额；期初余额试算平衡。

 训练参考

操作至此，本次训练账套数据已备份至 http://abook.hep.com.cn/sve 本课程的"秀英账套数据 / 活动 3.2.1 录入总账系统期初余额"中。

训练 1.2.3　工资和固定资产系统初始设置

 训练目的

通过本次上机训练，能正确设置工资项目计算公式；能正确修改固定资产系统参数；能正确设置部门及对应折旧科目、增减方式的对应入账科目。

 **训练资料**

（1）工资项目计算公式清单见表 1-2-14。

表 1-2-14

工资项目计算公式清单

工资项目	公式定义要求
绩效工资	总经理 5 000 元,经理人员 3 000 元,其他人员 2 500 元
伙食补助	每人每月 300 元
交通费补贴	销售部人员 2 000 元;除销售部以外的总经理和经理人员 1 500 元,管理人员和业务人员 1 000 元
应发合计	岗位工资 + 绩效工资 + 伙食补助 + 交通费补贴
个人社会保险费	上一年度月平均工资 ×10.5%
个人住房公积金	上一年度月平均工资 ×12%
扣款合计	个人社会保险费 + 个人住房公积金 + 代扣税
实发合计	应发合计 − 扣款合计
企业社会保险费	上一年度月平均工资 ×25.8%
企业住房公积金	上一年度月平均工资 ×12%

(2) 修改固定资产系统参数。

① 与账务系统进行对账。

② 固定资产对账科目:1601　固定资产;累计折旧对账科目:1602　累计折旧。

③ 可纳税调整的增加方式:直接购入。

④ [固定资产]缺省入账科目:1601　固定资产;[累计折旧]缺省入账科目:1602　累计折旧;可抵扣税额入账科目:22210101　应交税费——应交增值税(进项税额)。

⑤ 业务发生后立即制单。

⑥ 月末结账前一定要完成制单登账业务。

⑦ 在对账不平的情况下,不允许固定资产月末结账。

(3) 部门及对应折旧科目。销售部的对应折旧科目:560103　销售费用——折旧费;除销售部外其他部门的对应折旧科目:560203　管理费用——折旧费。

 训练要求

录入工资项目计算公式;修改固定资产系统参数;设置固定资产管理部门及其对应折旧科目;设置固定资产增减方式的对应入账科目。

 训练参考

操作至此,本次训练的账套数据已备份至 http://abook.hep.com.cn/sve 本课程的"秀英账套数据/活动3.2.3完善固定资产系统初始设置"中。

训练 1.2.4　填制总账系统记账凭证

训练目的

通过本次上机训练,能正确填制总账系统日常业务的记账凭证。

训练资料

秀英公司2021年2月发生如下经济业务:

业务1　1日,人力资源部凭发票报销复印纸1箱305.10元。

业务2　4日,销售部夏雪与联华商贸签订销售合同,出售女式套装200套,每套1 200.00元。货物当天发出,并开具增值税专用发票,收到支付宝转账货款,金额为271 200.00元。

业务3　5日,收到华润公司一笔支付宝转账,偿还前欠货款33 900.00元,款项已存入银行。

训练要求

填制无辅助核算要求凭证;填制有项目辅助核算要求凭证;填制有银行账和往来核算要求凭证。

训练参考

操作至此,本次训练的账套数据已备份至http://abook.hep.com.cn/sve本课程的"秀英账套数据/活动3.3.2增加有辅助核算凭证"中。

训练 1.2.5　查询、修改、审核凭证和记账

训练目的

通过本次上机训练,能快速查询凭证,并正确修改错误凭证;能对已填制的记账凭证进行出纳签字操作;能对已填制的记账凭证进行会计审核;能对已审核的记账凭证进行记账。

训练资料

(1)见训练1.2.4。

（2）记账前，会计（04　陈宏）复核自己填制的记账凭证，发现业务1记账凭证填制有误（未抵扣进项税额）。

 训练要求

查询2月份未记账凭证；查询2月份未记账科目汇总表；修改错误凭证；对2月份已填制的记账凭证进行出纳签字；对2月份已填制的记账凭证进行审核；对2月份已审核的记账凭证进行记账。

 训练参考

2月份未记账的科目汇总表见表1-2-15。

表1-2-15

科目汇总表（未记账）

科目编码	科目名称	借方发生额	贷方发生额
1001	库存现金		305.10
1002	银行存款	305 100.00	
1122	应收账款		33 900.00
	资产小计	305 100.00	34 205.10
2221	应交税费		31 200.00
	负债小计		31 200.00
5001	主营业务收入		240 000.00
5601	销售费用	305.10	
	损益小计	305.10	240 000.00
	合计	305 405.10	305 405.10

训练1.2.6　生成固定资产系统凭证

 训练目的

通过本次上机训练，能正确处理固定资产日常业务。

 训练资料

秀英公司2021年2月又发生如下经济业务（续业务3）：

业务4　19日,采购部向苏宁易购集团股份有限公司购买打印复印一体机一台。同日到货,财务部网上银行转账汇款5 480.50元,同时取得增值税专用发票,发票载明价款为4 850.00元,税额为630.50元。该设备直接投入使用。

业务5　26日,联想电脑(编号021001)从总经理办公室调拨到财务部,供其使用。

业务6　26日,计提固定资产折旧。

业务7　26日,销售部一台联想电脑(编号021004)因主板落后且更换成本高,故申请报废。经总经理签字准予报废。

 训练要求

进行固定资产增加处理;进行固定资产变动处理;计提固定资产折旧;进行固定资产减少的处理。

 训练参考

操作至此,本次训练账套数据已备份至http://abook.hep.com.cn/sve本课程的"秀英账套数据/活动3.4.4减少固定资产"中。

训练1.2.7　生成工资系统凭证

 训练目的

通过本次上机训练,能正确处理工资日常业务。

 训练资料

秀英公司2021年2月又发生如下经济业务(续业务7):

业务8　29日,经公司研究决定,提拔销售部夏雪为部门副经理,故需将其岗位工资改为3 400元,人员类别改为经理人员。

业务9　26日,计算代扣个人所得税(计税基数为5 000.00元)。

业务10　26日,分配本月职工工资。工资费用分摊构成设置见表1-2-16。

业务11　26日,计提工资附加费。工资附加费分摊构成设置见表1-2-17。

表 1-2-16

工资费用分摊构成设置

部门	人员类别	借方科目	贷方科目		
			应发合计（100%）	社会保险费（企业）（32.8%）	住房公积金（企业）（12%）
总经理办公室	经理人员	管理费用/职工薪酬（560205）	应付职工薪酬/职工工资（221101）	应付职工薪酬/社会保险费（企业）（22110302）	应付职工薪酬/住房公积金（企业）（22110402）
	管理人员				
财务部	经理人员				
	管理人员				
采购部	经理人员				
	业务人员				
仓管部	经理人员				
	管理人员				
设备部	经理人员				
	管理人员				
人力资源部	经理人员				
	管理人员				
销售部	经理人员	销售费用/职工薪酬（560105）			
	业务人员				

表 1-2-17

工资附加费分摊构成设置

部门	人员类别	借方科目	贷方科目		
			职工福利费（14%）	工会经费（2.5%）	职工教育经费（8%）
总经理办公室	经理人员	管理费用/职工薪酬（560205）	应付职工薪酬/职工福利费（221102）	应付职工薪酬/工会经费（221105）	应付职工薪酬/职工教育经费（221106）
	管理人员				
财务部	经理人员				
	管理人员				
采购部	经理人员				
	业务人员				
仓管部	经理人员				
	管理人员				
设备部	经理人员				
	管理人员				
人力资源部	经理人员				
	管理人员				
销售部	经理人员	销售费用/职工薪酬（560105）			
	业务人员				

训练要求

完成工资变动操作;完成扣缴个人所得税的操作;完成工资分摊的操作;生成职工薪酬凭证。

训练参考

操作至此,本次训练的账套数据已备份至 http://abook.hep.com.cn/sve 本课程的"秀英账套数据 / 活动 3.5.3 分配工资费用"中。

训练 1.2.8　查询账簿和月末处理

训练目的

通过本次上机训练,能快速查询日记账、总账和各辅助账;能正确设置总账系统内部转账分录;能正确生成总账系统转账凭证;能完成银行对账工作;能完成工资系统、固定资产系统和总账系统的结账工作。

训练资料

（1）参见训练 1.2.4~ 训练 1.2.7。

（2）**业务 12**　续业务 11。26 日,结转本月期间损益(注:先收入后支出),并对该凭证进行审核、记账。

（3）银行对账。秀英公司银行账的启用日期为 2021 年 2 月 1 日,工行人民币账户企业日记账调整前余额为 608 538.04 元,银行对账单调整前余额为 608 538.04 元,无未达账项。开户银行打印的 2021 年 2 月份对账单见表 1-2-18。

表 1-2-18

银行对账单

网点号:0015　　　币种:人民币(本位币)　　　单位:元　　　2021 年　　　页号:2
账号:02460105001066653251　　户名:海口秀英服装有限公司　　　　　　上页余额:608 538.04

日期	业务产品种类	凭证种类	凭证号	对方户名	摘要	借方发生额	贷方发生额	余额	记账信息
2-04	转账	109	0	略			271 200.00	879 738.04	0001502456
2-05	转账	109	0	略			33 900.00	913 638.04	00015302462
2-20	转账	109	0	略		5 480.50		908 157.54	00015302488
2-26	转账	0	0	略		21 900.00		886 257.54	00015302492

 训练要求

完成工资系统和固定资产系统自制凭证的审核、记账操作;查询日记账;查询总账账簿;查询明细账;查询部门辅助账;查询往来辅助账;完成2月份工资系统和固定资产系统的月末结账操作;完成2月份总账系统对账操作,并查询该月份试算平衡表;完成2月份总账系统的结账操作。

 训练参考

(1) 2月份已结账的发生额及余额表见表1-2-19。

表1-2-19

发生额及余额表

科目编码	科目名称	期初余额		本期发生额		期末余额	
		借方	贷方	借方	贷方	借方	贷方
1001	库存现金	2 841.48			305.10	2 536.38	
1002	银行存款	608 538.04		305 100.00	5 480.50	908 157.54	
1122	应收账款	33 900.00			33 900.00		
1221	其他应收款	2 000.00				2 000.00	
1405	库存商品	590 000.00				590 000.00	
1601	固定资产	1 796 500.00		4 850.00	5 000.00	1 796 350.00	
1602	累计折旧		216 588.07	3 008.00	5 574.70		219 154.77
1606	固定资产清理			1 992.00		1 992.00	
	资产小计	3 033 779.52	216 588.07	314 950.00	50 110.30	3 301 035.92	219 004.77
2001	短期借款		100 000.00				100 000.00
2202	应付账款		84 750.00				84 750.00
2211	应付职工薪酬		117 644.11		255 315.30		372 959.41
2221	应交税费		16 022.92	665.60	31 200.00		46 557.32
	负债小计		318 417.03	665.60	286 515.30		604 266.73
3001	实收资本		2 000 000.00				2 000 000.00
3101	盈余公积		59 875.00				59 875.00
3103	本年利润		45 600.00	201 160.00	240 000.00		24 440.00

科目编码	科目名称	期初余额		本期发生额		期末余额	
		借方	贷方	借方	贷方	借方	贷方
3104	利润分配		393 299.42				393 299.42
	权益小计		2 498 774.42	261 160.00	240 000.00		2 477 614.42
5001	主营业务收入			240 000.00	240 000.00		
5601	销售费用			73 286.90	73 286.90		
5602	管理费用			187 873.10	187 873.10		
	损益小计			501 160.00	501 160.00		
	合计	3 033 779.52	3 033 779.52	1 077 935.60	1 077 935.60	3 301 035.92	3 301 035.92

（2）2月份银行存款余额调节表见表1-2-20。

表1-2-20

银行存款余额调节表

单位日记账项目	单位日记账余额	银行对账单项目	银行对账单余额
调整前余额：	908 157.54	调整前余额：	886 257.54
加：银行已收，企业未收		加：企业已收，银行未收	
减：银行已付，企业未付	21 900.00	减：企业已付，银行未付	
调整后余额：	886 257.54	调整后余额：	886 257.54

训练 1.2.9 编制财务报表

 训练目的

通过本次上机训练，能够利用报表模板生成资产负债表和利润表；能正确编制一张自定义报表。

 训练资料

（1）T3云平台提供的资产负债表和利润表模板。

（2）自定义一张秀英公司2021年2月的部门综合费用明细表。格式设计见表1-2-21。

表 1-2-21

部门综合费用明细表

编制单位：　　　　年　　月　　日　　　　　　　　　　　　　　　　　　　单位:元

部门	办公费	差旅费	折旧费		合计
总经理办公室					
财务部					
销售部					
合计					

会计主管：　　　　　　　　　　　　　　制表人：

训练要求

生成资产负债表和利润表;编制部门综合费用明细表。

训练参考

(1) 2021 年 2 月 26 日资产负债表见表 1-2-22。

表 1-2-22

资产负债表

会小企 01 表

单位名称:海口秀英服装有限公司　　　　　2021 年 2 月 26 日　　　　　　　单位:元

资产	行次	期末余额	期初余额	负债和所有者权益	行次	期末余额	期初余额
流动资产:				流动负债:			
货币资金	1	910 693.92	611 379.52	短期借款	31	100 000.00	100 000.00
短期投资	2			应付票据	32		
应收票据	3			应付账款	33	84 750.00	84 750.00
应收账款	4		33 900.00	预收账款	34		
预付账款	5			应付职工薪酬	35	372 959.41	117 644.11
应收股利	6			应交税费	36	46 557.32	16 022.92
应收利息	7			应付利息	37		
其他应收款	8	2 000.00	2 000.00	应付利润	38		
存货	9	590 000.00	590 000.00	其他应付款	39		

资产	行次	期末余额	期初余额	负债和 所有者权益	行次	期末余额	期初余额
其中:原材料	10			其他流动负债	40		
在产品	11			流动负债合计	41	604 266.73	318 417.03
库存商品	12	590 000.00	590 000.00	非流动负债:			
周转材料	13			长期借款	42		
其他流动资产	14			长期应付款	43		
流动资产合计	15	1 502 693.92	1 237 279.52	递延收益	44		
非流动资产:				其他非流动负债	45		
长期债券投资	16			非流动负债合计	46		
长期股权投资	17			负债合计	47	604 266.73	318 417.03
固定资产原价	18	1 796 350.00	1 796 500.00				
减:累计折旧	19	219 154.77	216 588.07				
固定资产账面价值	20	1 577 195.23	1 579 911.93				
在建工程	21						
工程物资	22						
固定资产清理	23	1 992.00					
生产性生物资产	24			所有者权益(或股东权益)			
无形资产	25			实收资本(或股本)	48	2 000 000.00	2 000 000.00
开发支出	26			资本公积	49		
长期待摊费用	27			盈余公积	50	59 875.00	59 875.00
其他非流动资产	28			未分配利润	51	423 040.99	438 899.42
非流动资产合计	29	1 579 187.23	1 579 911.93	所有者权益(或股东权益)合计	52	2 477 614.42	2 498 774.42
资产总计	30	3 081 881.15	2 817 191.45	负债和所有者权益(或股东权益)总计	53	3 081 881.15	2 817 191.45

（2）2021 年 2 月利润表见表 1-2-23。

表 1-2-23

利　润　表

会小企 02 表

单位名称:海口秀英服装有限公司　　　　　　2021 年 2 月　　　　　　　　单位:元

项目	行次	本年累计金额	本月金额
一、营业收入	1	240 000.00	240 000.00
减:营业成本	2		
税金及附加	3		
其中:消费税	4		
城市维护建设税	5		
资源税	6		
土地增值税	7		
城镇土地使用税、房产税、车船税、印花税	8		
教育费附加、矿产资源补偿费、排污费	9		
销售费用	10	73 286.90	73 286.90
其中:商品维修费	11		
广告费和业务宣传费	12		
管理费用	13	187 873.10	187 873.10
其中:开办费	14		
业务招待费	15		
研究费用	16		
财务费用	17		
其中:利息费用(收入以"-"号填列)	18		
加:投资收益(损失以"-"号填列)	19		
二、营业利润(亏损以"-"号填列)	20	-21 160.00	-21 160.00
加:营业外收入	21		
其中:政府补助	22		
减:营业外支出	23		
其中:坏账损失	24		

项目	行次	本年累计金额	本月金额
无法收回的长期债券投资损失	25		
无法收回的长期股权投资损失	26		
自然灾害等不可抗力因素造成的损失	27		
税收滞纳金	28		
三、利润总额(亏损总额以"-"号填列)	29	−21 160.00	−21 160.00
减:所得税费用	30		
四、净利润(净亏损以"-"号填列)	31	−21 160.00	−21 160.00

方案 1.3　财务业务一体化应用

训练 1.3.1　设置购销存公共信息

 训练目的

通过本次上机训练,能正确设置购销存系统和核算系统参数;能正确设置购销存系统基础档案。

 训练资料

(1) 启用购销存系统及核算系统,启用日期为 2021 年 3 月 1 日。

(2) 增加及补充系统操作人员及其相关权限,见表 1-3-1。

表 1-3-1

系统操作人员及其相关权限

编码	人员姓名	部门	岗位	权限	工作范围
01	章宏斌	总经理办公室	总经理	账套主管	审核订单
04	陈　宏	财务部	会计	① 核算系统的全部权限 ② 公用目录设置 ③ 应收、应付管理全部权限	① 暂估成本处理 ② 单据记账
06	李　飞	销售部	销售员	① 公用目录设置 ② 应收管理的全部权限 ③ 销售管理	① 录入销售订单 ② 编制及审核发货单及退货单 ③ 录入销售发票及红字发票 ④ 销售查询及分析
07	刘　越	采购部	采购员	① 公用目录设置 ② 应付管理的全部权限 ③ 采购管理	① 录入采购订单 ② 录入采购入库单及红字入库单 ③ 录入采购发票及红字发票 ④ 进行采购结算 ⑤ 采购查询及分析

编码	人员姓名	部门	岗位	权限	工作范围
08	李丽	仓管部	库管员	① 公用目录设置 ② 库存管理的全部权限	① 审核采购入库单及红字入库单 ② 填制或生成并审核销售出库单 ③ 填制并审核其他出入库单 ④ 盘点及调拨业务处理 ⑤ 库存查询及分析

（3）存货档案见表 1-3-2。

表 1-3-2

存 货 档 案

基本信息					成本信息	
存货编号	存货名称	主计量单位	税率/%	存货属性	参考成本	参考售价
00001	男式上衣	件	13	销售、外购	300.00	400.00
00002	男式裤子	条	13	销售、外购	100.00	150.00
00003	女式毛衣	件	13	销售、外购	150.00	200.00
00004	女式套装	套	13	销售、外购	750.00	800.00
00005	运输费	次	9	劳务费用		

（4）仓库档案见表 1-3-3。

表 1-3-3

仓 库 档 案

仓库编码	仓库名称	部门	计价方式	货位管理
0010	男装	仓管部	先进先出法	否
0020	女装	仓管部	先进先出法	否

（5）收发类别见表 1-3-4。

表 1-3-4

收 发 类 别

收发类别编码	收发类别名称	收发类别标志	收发类别编码	收发类别名称	收发类别标志
11	采购入库	收	21	销售出库	发
15	其他入库		25	其他出库	

（6）采购类型见表 1-3-5。

表 1–3–5

采 购 类 型

采购类型编码	采购类型名称	入库类别
00	普通采购	11 采购入库

（7）销售类型见表1–3–6。

表 1–3–6

销 售 类 型

销售类型编码	销售类型名称	出库(收发)类别
00	普通销售	21 销售出库

（8）设置采购系统参数。将"业务控制"参数设置为"入库单单价由手工录入"。

 训练要求

启用购销存及核算系统；设置购销存的核算系统参数；设置存货档案、仓库档案、收发类别、采购类型和销售类型。

 训练参考

操作至此，本次训练的账套数据已备份至 http://abook.hep.com.cn/sve 本课程的"秀英账套数据 / 活动 5.1.2 完善企业基础信息"中。

训练 1.3.2　购销存系统初始设置

 训练目的

通过本次上机训练，能够顺利完成购销存及核算系统初始设置；能正确录入期初数据。

 训练资料

1. 存货相关科目

（1）存货科目见表1–3–7。

表 1–3–7

存 货 科 目

仓库	存货科目编码	存货科目名称	仓库	存货科目编码	存货科目名称
0010	1405	库存商品	0020	1405	库存商品

（2）存货对方科目见表1-3-8。

表 1-3-8

存货对方科目

收发类别编码	收发类别名称	对方科目编码	对方科目名称	暂估科目名称
11	采购入库	1402	在途物资	220201　应付账款——暂估应付账款
21	销售出库	5401	主营业务成本	

（3）供应商往来基本科目见表1-3-9。

表 1-3-9

供应商往来基本科目

科目类别	科目名称
应付科目	220202　应付账款——一般应付账款
采购科目	1402　在途物资
税金科目	22210101　应交税费——应交增值税——进项税额

（4）供应商往来结算方式科目见表1-3-10。

表 1-3-10

供应商往来结算方式科目

结算方式	科目名称	结算方式	科目名称
现金	1001　库存现金	转账支票	100201　银行存款——工行存款
现金支票	100201　银行存款——工行存款	工行网银	100201　银行存款——工行存款

（5）客户往来基本科目见表1-3-11。

表 1-3-11

客户往来基本科目

科目类别	科目名称
应收科目	1122　应收账款
销售收入科目	5001　主营业务收入
税金科目	22210103　应交税费——应交增值税——销项税额

（6）客户往来结算方式科目见表1-3-12。

表 1-3-12

客户往来结算方式科目

结算方式	科目名称	结算方式	科目名称
现金	1001　库存现金	转账支票	100201　银行存款——工行存款
现金支票	100201　银行存款——工行存款	工行网银	100201　银行存款——工行存款

2. 期初数据

（1）采购系统期初数据如下：

① 2021 年 2 月 19 日，与大悦公司签订购销合同，购入男式裤子 750 条，无税单价为 100.00 元，价税合计为 84 750.00 元。发票已开，发票号为：00632065。

② 2021 年 2 月 26 日，与大悦公司签订购销合同，购入女式套装 100 套，暂估单价为 750.00 元。验收合格后入女装仓库，发票未收到。

（2）进行采购系统期初记账。

（3）库存和核算系统期初数据见表 1-3-13。

表 1-3-13

库存和核算系统期初数据

仓库名称	存货编码	存货名称	数量	单价
男装库	00001	男式上衣	100	300.00
男装库	00002	男式裤子	2 000	100.00
女装库	00003	女式毛衣	400	150.00
女装库	00004	女式套装	200	750.00

（4）进行库存和核算系统期初记账。

（5）供应商往来期初数据见表 1-3-14。应付账款科目的期初数据为 87 750.00 元，以采购普通发票方式录入。

表 1-3-14

供应商往来期初数据

日期	发票号	供应商	业务员	科目	货物代码	数量	单价
2021-12-21		大悦公司	刘　越	220202	00002	585	150.00

 训练要求

设置存货科目、存货对方科目、供应商往来科目和客户往来科目；录入采购系统期初数据；采购系统期初记账；录入库存和存货期初数据；录入供应商往来期初数据。

训练参考

操作至此,本次训练账套数据已备份至 http://abook.hep.com.cn/sve 本课程的"秀英账套数据 / 活动 5.2.2 录入期初数据"中。

训练 1.3.3　采购与付款

训练目的

通过本次上机训练,能正确填制采购订单和入库单;能正确对采购发票和付款单进行处理。

训练资料

秀英公司 2021 年 3 月发生如下经济业务:

业务 1　2 日,采购员刘越与演东服装公司签订购销合同。其内容为:男式裤子 100 条,无税单价为 150.00 元,预计交货时间为 3 月 3 日,交货方式为销售方送货,运费由供货方负担。

业务 2　3 日,上述货物到达企业,经检验质量和数量均符合合同要求。

业务 3　3 日,收到演东服装公司增值税专用发票一张(发票号:00032063),发票载明价款为 15 000.00 元,税款为 1 950.00 元。

业务 4　3 日,财务部根据发票支付货款,用工行网银转账支付,金额为 16 950.00 元。

训练要求

录入并审核采购订单;进行采购入库单处理;填制采购发票;进行采购结算操作;利用采购发票生成应付凭证;录入付款单并核销,生成付款凭证。

训练参考

操作至此,本次训练的账套数据已备份至 http://abook.hep.com.cn/sve 本课程的"秀英账套数据 / 活动 5.3.3 采购结算"中。

训练 1.3.4　销售与收款

训练目的

通过本次上机训练,能正确填制销售订单和发货单;能正确对销售发票和收款单进行处理。

训练资料

秀英公司 2021 年 3 月发生如下经济业务(续业务 4):

业务 5　12 日,销售员夏雪与联华商贸签订购销合同。其内容为:女式套装 100 套,每套无税单价为 800.00 元,运费由联华商贸承担。

业务 6　15 日,联华商贸到公司提货,销售部根据合同通知仓管部发出货物。库管员李丽根据发货单,核准货物数量,将货物交付给联华商贸。

业务 7　15 日,销售员李飞根据合同向联华商贸开具增值税专用发票(发票号:00632013),发票载明价款为 80 000.00 元,税款为 10 400.00 元。

业务 8　15 日,财务部收到联华商贸工行网银转账,金额为 90 400.00 元。

训练要求

录入和审核销售订单;填制并审核销售发货单;生成并审核销售出库单;填制并审核销售发票;填制并核销收款单;生成应收凭证。

训练参考

操作至此,本次训练的账套数据已备份至 http://abook.hep.com.cn/sve 本课程的"秀英账套数据 / 活动 5.4.3 销售结算"中。

训练 1.3.5　购销存系统月末处理

训练目的

通过本次上机训练,能快速查询购销存系统相关账表;能正确完成购销存系统和核算系统月末结账。

训练资料

参见训练 1.3.3 和训练 1.3.4。

训练要求

查询供应商往来余额表和销售统计表;完成采购系统、销售系统和库存系统的月末结账操作;完成核算系统的月末处理与月末结账操作。

训练参考

（1）2021 年 3 月份供应商往来余额表见表 1-3-15。

表 1-3-15

供应商往来余额表

币种:所有币种

期间:2021.03.01—2021.03.31

供应商		期初余额	本期应付	本期付款	期末余额
编号	名称	本币	本币	本币	本币
001	广州大悦服装有限公司	84 750.00			84 750.00
003	海口演东服装有限公司		16 950.00	16 950.00	
合计		84 750.00	16 950.00	16 950.00	84 750.00

（2）2021 年 3 月份销售统计表见表 1-3-16。

表 1-3-16

销售统计表

部门	业务员	客户名称	货物	单位	数量	金额	税额	价税合计	成本	毛利	毛利率
销售部	夏雪	海口市联华商贸有限公司	女式套装	套	100	80 000.00	10 400.00	90 400.00	75 000.00	5 000.00	6.25%

第 2 部分　课后上机训练

　　本部分的上机训练仍然以 T3 云平台为应用软件,依据 2021 年 1 月份和 2 月份业务数据,进行工资、固定资产、总账、财务报表、购销存、核算等系统的综合训练。其中,1 月份的业务数据用于工资、固定资产、总账和财务报表的集成应用;2 月份的业务数据用于财务业务一体化应用。其目的是便于学生巩固已有的软件操作技能,熟悉各种软件实施方案。

方案 2.1　财务系统集成应用

训练 2.1.1　系统管理和设置基础信息

 训练目的

通过本次上机训练,充分理解会计软件系统管理和基础信息设置的作用,掌握账套管理和基础信息设置操作技能。

训练资料

1. 账套信息

(1) 账套号:202。

(2) 账套名称及单位名称:海南丽达家具厂(简称丽达家具厂)。

(3) 账套启用会计日期:2021 年 1 月。

(4) 单位地址:海南省海口市秀英大道 778 号(联系电话为 0898–66669933)。

(5) 法定代表人:钟原青。

(6) 账套主管:王蓉。

(7) 纳税人识别号:914601003344556699。

(8) 记账本位币:人民币(RMB)。

(9) 企业类型:工业。

(10) 执行小企业会计准则,按行业性质预置会计科目。

(11) 有外币核算,需要对存货、客户进行分类。

(12) 科目编码级次:4–2–2–2;其余编码方案采用系统默认值。

(13) 数据精度采用系统默认值。

(14) 分别启用总账、工资和固定资产三个子系统;启用日期:2021 年 1 月 4 日。

2. 系统操作员及其相关权限

系统操作员及其相关权限,见表 2–1–1。

表 2-1-1

系统操作员及其相关权限

编码及口令	人员姓名	部门	岗位	使用系统	权限
102	王小洁	行政部	管理人员	工资	• 维护工资数据 • 编制工资表 • 查询工资账表
201	王 蓉	财务部	财务经理、 账套主管	所有系统	• 全部权限 • 公共目录设置 • 审核全部凭证
202	曹 静	财务部	会计	总账	• 填制记账凭证 • 记账 • 查询凭证 • 查询各种账簿
				工资	• 生成工资费用分配凭证 • 查询工资账表
				固定资产	• 生成固定资产凭证 • 查询固定资产账表
				财务报表	• 编制财务报表 • 查询财务报表
203	李 菲	财务部	出纳	总账	• 出纳签字 • 现金管理
602	李 跃	设备部	设备管理人员	固定资产	• 维护固定资产数据 • 查询固定资产账表

 训练要求

以系统管理员 admin(无密码)的身份,于 2021 年 1 月 1 日登录系统管理。根据训练资料进行系统启动、用户注册、建立账套、操作员权限设置等操作。

训练指导

1. 启动系统管理

(1) 登录畅捷教育云平台网址,单击"学员登录",录入学员信息,单击"登录"按钮。单击"练习"图标,页面显示"自由练习试卷"。单击"进入练习"按钮,进入操作窗口。

(2) 单击"系统管理"图标,打开"系统管理"窗口。在"系统管理"窗口中,执行"系统"|"注

册"命令,打开"注册［控制台］"对话框,录入"用户名"和"密码"后即可启动系统管理。

2. 建立账套

创建账套完成后,如果发现有误,可以修改。但要以账套主管的身份进入系统管理,执行"账套"|"修改"命令后才能修改。

3. 增加操作员

在"系统管理"窗口中,执行"权限"|"操作员"命令,即可完成增加操作员的操作。

提示:

• 系统管理员也可以先增加操作员,再建立账套。

4. 设置操作员权限

在"系统管理"窗口中,执行"权限"|"权限"命令,即可完成操作员权限的设置。

提示:

• 系统默认账套主管拥有全部权限。如果以账套主管身份进入系统管理,则不能指定新的账套主管。
• 在"操作员权限"窗口中,左列表框中列示了系统中已安装的子系统。当双击某个子系统时,系统会自动将右列表中属于该子系统的明细权限全部选中,选项呈蓝色。如果需要撤销已选中的明细权限,则可以再重新双击所选中的子系统(或明细权限),选项呈白色。

 训练结果

输出 202 账套,保存到"202 账套备份|训练 2.1.1"文件夹中。

训练参考

操作至此,本次训练的账套数据已备份至 http://abook.hep.com.cn/sve 本课程的"丽达账套数据／训练 2.1.1 系统管理和设置基础信息"中。

训练 2.1.2　设置基础档案

 训练目的

通过本次上机训练,能正确设置企业基础档案,体会设置核算企业基础档案的重要性。

 训练资料

1. 部门档案

部门档案见表2-1-2。

表2-1-2

部 门 档 案

部门编码	部门名称	负责人	部门编码	部门名称	负责人
1	行政部	钟原青	5	仓管部	赵 江
2	财务部	王 蓉	6	设备部	陈 玉
3	采购部	张 杰	7	生产部	陈 峰
4	销售部	李 利			

2. 职员档案

职员档案见表2-1-3。

表2-1-3

职 员 档 案

职工编码	职工名称	所属部门	职员属性	职工编码	职工名称	所属部门	职员属性
101	钟原青	行政部	总经理	402	王 丽	销售部	销售人员
102	王小洁	行政部	总经理助理	501	赵 江	仓管部	仓库经理
201	王 蓉	财务部	财务经理	502	李 英	仓管部	仓管人员
202	曹 静	财务部	会计	601	陈 玉	设备部	设备经理
203	李 菲	财务部	出纳	602	李 跃	设备部	设备管理人员
204	郭 秀	财务部	会计	701	陈 峰	生产部	生产经理
301	张 杰	采购部	采购经理	702	林 虹	生产部	生产人员
302	李 茜	采购部	采购人员	703	程 晓	生产部	生产人员
401	李 利	销售部	销售经理	704	范 云	生产部	生产人员

3. 客户分类

客户分类见表2-1-4。

表2-1-4

客 户 分 类

分类编码	分类名称	分类编码	分类名称
01	本地	02	外地

4. 客户档案

客户档案见表2-1-5。

表 2-1-5

客 户 档 案

客户编码	客户名称	客户简称	所属分类	纳税人识别号	开户银行	银行账号	发展日期
01001	海口财胜公司	财胜公司	01	911101200379378101	中国工商银行海口新港支行	2201032469202293928	2019-10-10
02001	东方明珠公司	明珠公司	02	911106102796101033	中国工商银行珠海中山支行	2002020726804768921	2019-11-01
02002	三亚立达公司	立达公司	02	914601003344556699	中国工商银行三亚大同支行	2201060719100694372	2019-12-01

5. 供应商档案

供应商档案见表2-1-6。

表 2-1-6

供应商档案

供应商编码	供应商名称	供应商简称	纳税人识别号	开户银行	银行账号	发展日期
001	琼海天祥木材厂	天祥木材厂	914400055566667711	中国工商银行琼海银海支行	2201020726805096372	2018-07-10
002	海口天诚公司	天诚公司	914406500576336765	中国工商银行海口金贸支行	2201074190807593217	2017-12-01

6. 外币种类

(1) 货币符号:USD。

(2) 货币名称:美元。

(3) 汇率小数位:2。

(4) 初始固定汇率:1:6.50。

训练要求

以王蓉(201)的身份,于2021年1月4日登录202账套,根据训练资料进行部门档案、职员档案、客户分类、客户档案、供应商档案、外币种类等设置。

训练指导

1. 设置部门档案

在T3系统中,打开操作界面,执行"基础设置"|"机构设置"|"部门档案"命令,打开"部门档案"窗口,即可完成部门档案的设置。

> **提示:**
>
> • 部门编码必须要符合编码原则。部门编码及名称必须唯一。

2. 设置职员档案

在T3系统中,打开操作界面,执行"基础设置"|"机构设置"|"职员档案"命令,打开"职员档案"窗口,即可完成职员档案的设置。

> **提示:**
>
> • 在最后一个职员档案录入完毕后一定要按"Enter"键或单击"增加"按钮。
> • 由于在设置部门档案时还未设置职员档案,因此,部门档案中的负责人只能在设置职员档案完毕后,再回到部门档案中使用修改功能补充完整。
> • 部门档案和职员档案一旦使用,将不能修改或删除。

3. 设置客户分类

在T3系统中,执行"基础设置"|"往来单位"|"客户分类"命令,打开"客户分类"窗口,即可完成客户分类的设置。

4. 设置客户档案

在T3系统中,执行"基础设置"|"往来单位"|"客户档案"命令,打开"客户档案"窗口,即可完成客户档案的设置。

> **提示:**
>
> • 客户档案必须在最末级客户分类下增加。
> • 若无客户分类,则可将客户归入无客户分类。
> • 客户编号、名称和简称必须录入,且编号必须唯一,其余信息可根据需要录入。
> • 录入各项目后,如果不单击"保存"按钮,即表示放弃此次操作。

5. 设置供应商档案

在 T3 系统中,执行"基础设置"|"往来单位"|"供应商档案"命令,打开"供应商档案"窗口,即可完成供应商档案的设置。

6. 设置外币种类

在 T3 系统中,执行"基础设置"|"财务"|"外币种类"命令,打开"外币种类"窗口,即可完成外币种类的设置。

提示:

- 如果使用固定汇率,则应在每月月初录入记账汇率(即期初汇率),在月末录入调整汇率(即期末汇率)并计算汇兑损益;如果使用浮动汇率,则每天需在此录入当日汇率。

 训练结果

输出 202 账套,保存到"202 账套备份 / 训练 2.1.2"文件夹中。

 训练参考

操作至此,本次训练的账套数据已备份至 http://abook.hep.com.cn/sve 本课程的"丽达账套数据 / 训练 2.1.2 设置基础档案"中。

训练 2.1.3 设置会计科目、结算方式、开户银行信息、项目档案和凭证类别

 训练目的

通过本次上机训练,能够独立完成会计科目、结算方式、开户银行信息、项目档案和凭证类别的设置。

训练资料

1. 会计科目名称及期初余额

会计科目名称及期初余额见表 2–1–7。

表 2-1-7

会计科目名称及期初余额

会计科目名称	辅助核算	方向	币别／计量	期初余额
库存现金（1001）	日记账	借		6 600.00
银行存款（1002）	银行账、日记账	借		3 919 500.00
工行存款（100201）	银行账、日记账	借		3 900 000.00
中行美元户存款（100202）	银行账、日记账	借		19 500.00
		借	美元	3 000.00
应收账款（1122）	客户往来	借		33 900.00
预付账款（1123）	供应商往来	借		
其他应收款（1221）		借		6 000.00
应收个人款（122101）	个人往来	借		6 000.00
原材料（1403）				895 000.00
橡木（140301）	数量核算	借		120 000.00
			吨	12
红酸枝木（140302）	数量核算	借		640 000.00
			吨	16
小叶红檀（140303）	数量核算	借		135 000.00
			吨	9
铁板（140304）	数量核算	借		
			平方米	
库存商品（1405）		借		993 600.00
祥源衣柜（140501）	数量核算	借		132 000.00
			个	22
红檀木圆桌（140502）	数量核算	借		168 000.00
			张	21
大如意沙发（140503）	数量核算	借		693 600.00
			套	8
固定资产（1601）		借		179 850.00
累计折旧（1602）		贷		10 279.82
短期借款（2001）		贷		300 000.00

会计科目名称	辅助核算	方向	币别/计量	期初余额
应付账款(2202)	供应商往来	贷		280 800.00
预收账款(2203)	客户往来	贷		
应付职工薪酬(2211)		贷		97 104.00
职工工资(221101)		贷		81 600.00
社会保险费(221102)		贷		15 504.00
应交税费(2221)		贷		3 650.00
应交增值税(222101)		贷		
进项税额(22210101)		贷		
销项税额(22210102)		贷		
转出未交增值税(22210103)		贷		
未交增值税(222102)		贷		3 650.00
长期借款(2501)		贷		200 000.00
实收资本(3001)		贷		3 128 116.18
资本公积(3002)		贷		650 000.00
盈余公积(3101)		贷		332 000.00
法定盈余公积(310101)		贷		332 000.00
利润分配(3104)		贷		1 200 000.00
未分配利润(310401)		贷		1 200 000.00
生产成本(4001)		借		167 500.00
直接材料(400101)	项目核算	借		95 000.00
直接人工(400102)	项目核算	借		55 000.00
制造费用(400103)	项目核算	借		17 500.00
制造费用(4101)		借		
主营业务收入(5001)		贷		
主营业务成本(5401)		借		
销售费用(5601)		借		
管理费用(5602)		借		
职工工资(560201)	部门核算	借		
职工福利费(560202)	部门核算	借		
办公费(560203)	部门核算	借		
折旧费(560204)	部门核算	借		

会计科目名称	辅助核算	方向	币别/计量	期初余额
社会保险费(560205)	部门核算	借		
财务费用(5603)		借		
利息支出(560301)		借		
汇兑损益(560302)		借		

2. 指定科目

将"库存现金"科目指定为现金总账科目,将"银行存款"科目指定为银行总账科目。

3. 结算方式

结算方式见表2-1-8。

表2-1-8

结 算 方 式

类别编码	类别名称	是否需要票据管理
1	现金结算	否
2	支票结算	否
201	现金支票	是
202	转账支票	是
3	其他	否

4. 开户银行信息

(1) 开户银行编号:01。

(2) 开户银行名称:中国工商银行国贸支行。

(3) 银行账号(人民币户):2201020919200093302。

5. 项目档案

项目档案见表2-1-9。

表2-1-9

项 目 档 案

项目大类	生产费用	
核算科目	直接材料、直接人工、制造费用	
项目分类	1　中式家具	2　欧式家具
项目目录	101　祥源衣柜 102　红檀木圆桌	201　大如意沙发(5件套)

6. 凭证类别

凭证类别:记账凭证。

以王蓉(201)的身份,于 2021 年 1 月 4 日登录 202 账套,完成以下操作:

(1) 根据训练资料 1 设置会计科目。

(2) 根据训练资料 2 指定会计科目。

(3) 根据训练资料 3 设置结算方式。

(4) 根据训练资料 4 录入开户银行信息。

(5) 根据训练资料 5 设置项目档案。

(6) 根据训练资料 6 设置凭证类别。

训练指导

1. 设置会计科目

在 T3 系统中,执行"基础设置"|"财务"|"会计科目"命令,打开"会计科目"窗口,即可完成会计科目的设置。

> **提示:**
>
> - 新增的会计科目的编码长度及每段位数必须符合编码原则。
> - 在增加下级科目时,系统默认其类型与上级科目保持一致。
> - 已使用的末级会计科目不能再增加下级科目。
> - 可以利用复制功能增加会计科目。其做法是:单击选中被复制的会计科目所在行,执行"编辑"|"复制"命令或按 Ctrl+I 键,即可完成会计科目的增加。
> - 如果遇到某一科目的下级与另一个或几个科目的下级内容相同,可以执行"成批复制会计科目"命令,将某一科目的下级成批复制到另一科目中作为下级科目。
> - 科目名称、账页格式、辅助核算、汇总打印、封存等,都可通过"修改"功能完成。
> - 下级科目的辅助核算项目与上级科目的辅助核算项目可以不相同,下级科目之间的辅助核算项目也可以不相同。
> - 当下级科目的辅助核算项目不一致时,其上级科目不能设置辅助核算。
> - 已使用的末级会计科目不能修改。
> - 非末级会计科目的科目编码不能修改或删除。
> - 已有数据的会计科目,应先将该科目及其下级科目余额清零后,才能修改。
> - 往来科目(应收账款、应付账款等)的受控系统应更改为"空白"。

2. 指定会计科目

在 T3 系统中,执行"基础设置"|"财务"|"会计科目"命令,在"会计科目"窗口下执行"编

辑"|"指定科目"命令,打开"指定科目"对话框,即可指定会计科目。

> **提示:**
>
> - 指定会计科目就是指定出纳人员专管的科目。只有指定科目后,才能执行出纳签字,才能查看现金日记账和银行存款日记账。
> - 在指定"现金科目"和"银行科目"之前,应在建立"库存现金"和"银行存款"科目时单击选中"日记账"复选框。
> - 若想取消已指定的会计科目,可进入"指定科目"窗口,单击"<"按钮。

3. 设置结算方式

在 T3 系统中,执行"基础设置"|"收付结算"|"结算方式"命令,进入"结算方式"窗口,即可完成结算方式的设置。

4. 录入开户银行信息

在 T3 系统中,执行"基础设置"|"收付结算"|"开户银行"命令,进入"开户银行"窗口,即可完成开户银行信息的录入。

> **提示:**
>
> - 开户银行信息一旦引用,不能修改和删除。

5. 设置项目档案

在 T3 系统中,执行"基础设置"|"财务"|"项目目录"命令,打开"项目档案"窗口,即可完成项目档案的设置。

> **提示:**
>
> - 项目大类的名称是该类项目的总称,不是会计科目名称。
> - 必须将需进行项目核算的会计科目设置为项目辅助核算。
> - 一个项目大类可指定多个科目,但一个科目只能从属一个项目大类。
> - 可对同一项目大类下的项目进行进一步划分,即定义项目分类。
> - 若项目无分类,也必须定义项目分类为"无分类"。
> - 结算后的项目不能使用。
> - 定义并使用凭证类别以后,不能进行修改。

6. 设置凭证类别

在 T3 系统中,执行"基础设置"|"财务"|"凭证类别"命令,打开"凭证类别预置"对话框,即可完成凭证类别的设置。

 **训练结果**

输出 202 账套,保存到"202 账套备份 / 训练 2.1.3"文件夹中。

 训练参考

操作至此,本次训练的账套数据已备份至 http://abook.hep.com.cn/sve 本课程的"丽达账套数据 / 训练 2.1.3 设置会计科目、结算方式、开户银行信息、项目档案和凭证类别"中。

训练 2.1.4　设置总账系统参数与录入总账系统期初余额

 训练目的

通过本次上机训练,能够正确设置总账系统参数,独立完成总账系统期初余额的录入。

 训练资料

1. 总账系统参数

总账系统参数见表 2-1-10。

表 2-1-10

总账系统参数

参数	设置内容
凭证	• 制单序时控制 • 需要进行支票控制 • 资金及往来科目要求进行赤字控制 • 不允许修改、作废他人填制的凭证 • 凭证编号方式为系统编号 • 要求在凭证页脚处打印姓名 • 凭证审核要求控制到操作员 • 出纳凭证必须经由出纳签字 • 外币核算设定为固定汇率 • 要求进行预算控制
账簿	• 账簿打印位数、每页打印数按软件的标准设置 • 明细账查询权限控制到科目 • 明细账打印页码选择按年排页
会计日历	• 会计日历为 2021 年 1 月 1 日—2021 年 12 月 31 日
其他	• 数量小数位、单价小数位和本位币精度均设为 2 位 • 部门、个人和项目按编码排序

2. 会计科目期初余额

（1）主体会计科目期初余额参见表 2-1-7。

（2）2021 年 1 月应收账款期初余额见表 2-1-11。

表 2-1-11

应收账款期初余额

会计科目：1122　应收账款   借方余额：33 900.00

日期	凭证号	客户	摘要	方向	余额	业务员	票号
2020-11-20	记-28	财胜公司	销售商品	借	10 500.00	李　利	1116
2020-12-10	记-31	明珠公司	销售商品	借	23 400.00	王　丽	2229

（3）2021 年 1 月其他应收款期初余额见表 2-1-12。

表 2-1-12

其他应收款期初余额

会计科目：1221　其他应收款   借方余额：6 000.00

日期	凭证号	部门	个人	摘要	方向	余额
2020-12-28	记-33	行政部	王小洁	出差借款	借	4 000.00
2020-12-28	记-34	销售部	李　利	出差借款	借	2 000.00

（4）2021 年 1 月应付账款期初余额见表 2-1-13。

表 2-1-13

应付账款期初余额

会计科目：2202　应付账款   贷方余额：280 800.00

日期	凭证号	供应商	摘要	方向	余额	业务员	票号
2020-10-23	记-67	天祥木材厂	购买材料	贷	46 800.00	张　杰	3125
2020-11-23	记-52	天诚公司	购买材料	贷	234 000.00	李　茜	4126

（5）2021 年 1 月生产成本期初余额见表 2-1-14。

表 2-1-14

生产成本期初余额

会计科目:4001　生产成本　　　　　　　　　　　　　　　　借方余额:167 500.00

科目名称	祥源衣柜	红檀木圆桌	合计
直接材料(400101)	42 000.00	53 000.00	95 000.00
直接人工(400102)	26 000.00	29 000.00	55 000.00
制造费用(400103)	8 000.00	9 500.00	17 500.00
合计	76 000.00	91 500.00	167 500.00

 训练要求

以王蓉(201)的身份,于 2021 年 1 月 1 日登录 202 账套,完成以下操作:

(1) 根据训练资料 1 进行总账系统参数设置。

(2) 根据训练资料 2 进行基本科目余额和辅助核算科目余额的录入。

(3) 进行期初试算平衡。

 训练指导

1. 设置总账系统参数

执行"总账"|"设置"|"选项"命令,即可完成总账系统参数的设置。

提示:

- 总账系统的启用日期不能在整个系统的启用日期之前。
- 已录入汇率或已录入余额后不能修改总账系统的启用日期。

2. 录入总账系统期初余额

执行"总账"|"设置"|"期初余额"命令,即可完成总账系统期初余额的录入。

提示:

- 只需录入末级科目(底色为白色)的期初余额,上级科目的期初余额系统会自动计算列出。
- 当出现红字余额时,用负号录入。
- 凭证记账后,期初余额变为浏览只读状态,不能再进行修改。
- 总账科目与其下级明细科目的余额方向必须一致。
- 余额的方向应以科目属性或类型为准,不以当前余额方向为准。

3. 进行期初试算平衡

在"期初余额录入"窗口中,单击"试算"按钮,可查看期初试算平衡表。

提示：

● 期初余额试算不平衡，不能记账，但可以填制凭证。

训练结果

输出 202 账套，保存到"202 账套备份 / 训练 2.1.4"文件夹中。

训练参考

（1）期初试算平衡参考结果：6 191 670.18。

（2）操作至此，本次训练的账套数据已备份至 http://abook.hep.com.cn/sve 本课程的"丽达账套数据 / 训练 2.1.4 设置总账系统参数与录入总账系统期初余额"中。

训练 2.1.5 总账系统日常业务处理

训练目的

通过本次上机训练，理解总账系统日常业务处理的流程及原理，能够独立完成记账凭证的填制。

训练资料

丽达家具厂 2021 年 1 月发生如下经济业务：

（1）4 日，从银行提取现金 1 000.00 元（现金支票号：12610226）。（附单据 1 张）

（2）4 日，用银行存款支付 2020 年 12 月份职工工资 85 933.50 元。（附单据 3 张）。

（3）8 日，收到天合贸易有限公司投入资金 10 000 美元，汇率 1∶6.50。（附单据 2 张）

（4）11 日，生产部为生产祥源衣柜领用小叶红檀 3 吨，单价 15 000.00 元，金额 45 000.00 元；铁板 250 平方米，单价 15.00 元，金额 3 750.00 元。（附单据 1 张）

（5）18 日，向三亚立达公司销售大如意沙发（5 件套）3 套，单价 112 710.00 元，金额 338 130.00 元，增值税税额 43 956.90 元。收到转账支票一张（票号：12655113），已存入银行。（附单据 3 张）

训练要求

以曹静（202）的身份，于 2021 年 1 月 28 日登录 202 账套总账系统，根据训练资料进行记账凭证填制。

训练指导

执行"总账""凭证""填制凭证"命令,在"填制凭证"窗口中,即可完成记账凭证的填制。

> **提示:**
>
> - 采用自动编码时,计算机自动按月按类别连续进行编号。
> - 采用序时控制时凭证日期应大于启用日期,不能超过业务日期。
> - 凭证一旦保存,其凭证类别、凭证编号不能修改。
> - 正文中不同行的摘要可以相同也可以不相同,但不能为空。每行摘要将随相应的会计科目在明细账、日记账中出现。当前新增分录行完成后,按"Enter"键,系统将摘要自动复制到下一行分录。
> - 会计科目通过科目编码或科目助记码录入。科目编码必须是末级的科目编码。
> - 金额不能为"零";红字以"−"表示。
> - 可按"="键取当前凭证借贷金额的差额到当前光标位置。
> - 涉及项目辅助核算。在录入第二个项目核算时,辅助核算窗口会自动显示第一个项目的名称,此时要做删除处理,否则无法显示第二个项目的内容。
> - 涉及银行账辅助核算。如果选择了支票控制,即该结算方式设为支票管理,银行账辅助信息不能为空,而且该方式的票号应在支票登记簿中有记录。
> - 涉及往来账辅助核算。如果往来单位不属于已定义的往来单位,则要正确录入新往来单位的辅助信息,系统会自动追加到往来单位目录中。
> - 涉及外币辅助核算。只需录入外币金额,系统自动计算本币金额。
> - 涉及数量辅助核算。系统根据数量 × 单价自动计算出金额,并将金额先放在借方,如果方向不符,可将光标移动到贷方,按空格键即可调整余额方向。
> - 涉及部门辅助核算。录入部门名称有三种方法:一是直接录入部门名称,二是录入部门代码,三是参照录入。不管是采用哪种方法,都要求在部门档案中预先设置好欲录入的部门,否则系统会发出警告。当录入一个不存在的姓名时,应先编辑该人的姓名及其他资料。在录入个人信息时,若不录入"部门名称",而只录入"个人名称"时,系统将根据所录入的个人名称自动录入其所属部门。

 训练结果

输出 202 账套,保存到"202 账套备份 / 训练 2.1.5"文件夹中。

 训练参考

(1) 2021 年 1 月份记账凭证清单见表 2−1−15。

表 2-1-15

记账凭证清单（未记账）

制单日期	凭证编号	摘要	会计科目	方向	金额
2021.01.04	记 – 0001	从银行提取现金	库存现金	借	1 000.00
2021.01.04	记 – 0001	从银行提取现金	银行存款——工行存款	贷	1 000.00
2021.01.04	记 – 0002	支付工资	应付职工薪酬——职工工资	借	85 933.50
2021.01.04	记 – 0002	支付工资	银行存款——工行存款	贷	85 933.50
2021.01.08	记 – 0003	收到投资	银行存款——中行美元户存款	借	65 000.00
2021.01.08	记 – 0003	收到投资	实收资本	贷	65 000.00
2021.01.11	记 – 0004	生产祥源衣柜	生产成本——直接材料	借	48 750.00
2021.01.11	记 – 0004	生产祥源衣柜	原材料——小叶红檀	贷	45 000.00
2021.01.11	记 – 0004	生产祥源衣柜	原材料——铁板	贷	3 750.00
2021.01.15	记 – 0005	销售产品	银行存款——工行存款	借	382 086.90
2021.01.15	记 – 0005	销售产品	主营业务收入	贷	338 130.00
2021.01.15	记 – 0005	销售产品	应交税费——应交增值税（销项税额）	贷	43 956.90

（2）操作至此，本次训练的账套数据已备份至 http://abook.hep.com.cn/sve 本课程的"丽达账套数据 / 训练 2.1.5 总账系统日常业务处理"中。

训练 2.1.6　职工薪酬核算

 训练目的

通过本次上机训练，能够正确建立工资账套；正确录入基础档案和工资期初数据；正确进行职工薪酬核算。

 训练资料

1. 工资账套的基本信息

（1）工资类别：单个。

（2）要求从工资中代扣个人所得税。

（3）不进行扣零处理。

（4）人员编码长度：3 位。

2. 人员类别

人员类别包括:经理人员、管理人员、采购人员、销售人员和生产人员。

3. 工资账套主管

由王小洁(102)负责所有工资类别核算。

4. 工资项目构成

工资项目构成见表2-1-16。

表 2-1-16

工资项目构成

工资项目	类型	长度	小数位数	增减项
基本工资	数字	8	2	增项
岗位工资	数字	8	2	增项
奖金	数字	8	2	增项
交通补贴	数字	8	2	增项
伙食补贴	数字	8	2	增项
社会保险费(个人)	数字	8	2	减项
住房公积金(个人)	数字	8	2	减项
应发合计	数字	10	2	增项
代扣税	数字	10	2	减项
扣款合计	数字	10	2	减项
实发合计	数字	10	2	增项

5. 代发工资的银行信息

(1) 开户银行名称:中国工商银行秀英支行。

(2) 个人账号定长:19 位。

(3) 录入时自动带出账号位数:17 位。

6. 发放工资的人员档案

发放工资的人员档案见表2-1-17。

表 2-1-17

发放工资的人员档案

人员编码	人员姓名	部门名称	人员类别	性别	银行名称	银行账号
101	钟原青	行政部	经理人员	男	中国工商银行秀英支行	4601050011022033001
102	王小洁	行政部	管理人员	女	中国工商银行秀英支行	4601050011022033002

人员编码	人员姓名	部门名称	人员类别	性别	银行名称	银行账号
201	王 蓉	财务部	经理人员	女	中国工商银行秀英支行	4601050011022033003
202	曹 静	财务部	管理人员	男	中国工商银行秀英支行	4601050011022033004
203	李 菲	财务部	管理人员	女	中国工商银行秀英支行	4601050011022033005
204	郭 秀	财务部	管理人员	女	中国工商银行秀英支行	4601050011022033006
301	张 杰	采购部	经理人员	男	中国工商银行秀英支行	4601050011022033007
302	李 茜	采购部	采购人员	女	中国工商银行秀英支行	4601050011022033008
401	李 利	销售部	经理人员	男	中国工商银行秀英支行	4601050011022033009
402	王 丽	销售部	销售人员	女	中国工商银行秀英支行	4601050011022033010
501	赵 江	仓管部	经理人员	男	中国工商银行秀英支行	4601050011022033011
502	李 英	仓管部	管理人员	女	中国工商银行秀英支行	4601050011022033012
601	陈 玉	设备部	经理人员	男	中国工商银行秀英支行	4601050011022033013
602	李 跃	设备部	管理人员	男	中国工商银行秀英支行	4601050011022033014
701	陈 峰	生产部	经理人员	男	中国工商银行秀英支行	4601050011022033015
702	林 虹	生产部	生产人员	女	中国工商银行秀英支行	4601050011022033016
703	程 晓	生产部	生产人员	女	中国工商银行秀英支行	4601050011022033017
704	范 云	生产部	生产人员	女	中国工商银行秀英支行	4601050011022033018

7. 工资系统计算公式

工资系统计算公式见表2-1-18。

表2-1-18

工资系统计算公式

工资项目	公式定义要求
交通补贴	销售部经理人员1 400.00元,销售部业务人员1 000.00元,其余人员1 000.00元。计算表达式为: iff(部门="销售部" and 人员类别="经理人员",1 400,1 000)
应发合计	基本工资+岗位工资+奖金+交通补贴+伙食补贴
社会保险费(个人)	应发合计×10.5%
住房公积金(个人)	应发合计×12%
扣款合计	社会保险费+住房公积金+代扣税
实发合计	应发合计–扣款合计

8. 职工工资固定数据

2021 年 1 月职工工资固定数据见表 2-1-19。

表 2-1-19

2021 年 1 月职工工资固定数据

人员编码	人员姓名	部门名称	基本工资	岗位工资	奖金
101	钟原青	行政部	3 500.00	3 200.00	1 500.00
102	王小洁	行政部	2 000.00	2 600.00	700.00
201	王 蓉	财务部	3 000.00	3 200.00	1 500.00
202	曹 静	财务部	1 800.00	2 600.00	700.00
203	李 菲	财务部	1 800.00	2 600.00	700.00
204	郭 秀	财务部	1 800.00	2 600.00	700.00
301	张 杰	采购部	3 000.00	3 200.00	1 500.00
302	李 茜	采购部	1 800.00	2 600.00	1 200.00
401	李 利	销售部	3 200.00	3 200.00	1 800.00
402	王 丽	销售部	1 800.00	2 600.00	1 500.00
501	赵 江	仓管部	3 000.00	3 200.00	1 500.00
502	李 英	仓管部	1 800.00	2 600.00	700.00
601	陈 玉	设备部	3 000.00	3 200.00	1 500.00
602	李 跃	设备部	1 800.00	2 600.00	700.00
701	陈 峰	生产部	3 000.00	3 200.00	1 500.00
702	林 虹	生产部	1 500.00	2 600.00	1 000.00
703	程 晓	生产部	1 500.00	2 600.00	1 000.00
704	范 云	生产部	1 500.00	2 600.00	1 000.00

9. 个人所得税扣除额

个人所得税费用扣除额为 5 000.00 元。

10. 工资分摊类型

（1）计提分配方式：分配到部门。

（2）确定科目明细到工资项目。

（3）需要合并科目相同、辅助项相同的分录，其中"生产成本——直接人工"全部计入祥源衣柜成本中。

（4）费用分配科目设置见表 2-1-20。

表 2-1-20

费用分配科目设置

部门 / 人员类别		应发工资总额分配科目	
		借方	贷方
行政部	经理人员	560201　管理费用——职工工资	221101　应付职工薪酬——职工工资
	管理人员		
财务部	经理人员		
	管理人员		
销售部	经理人员	5601　销售费用	
	销售人员		
采购部	经理人员	560201　管理费用——职工工资	
	采购人员		
仓管部	经理人员		
	管理人员		
设备部	经理人员		
	管理人员		
生产部	经理人员	4101　制造费用	
	生产人员	400102　生产成本——直接人工	

11. 社会保险费计提类别

(1) 计提分配方式：分配到部门。

(2) 确定科目明细到工资项目。

(3) 需要合并科目相同、辅助项相同的分录。其中"生产成本——直接人工"计入祥源衣柜成本中。

(4) 计提及分摊单位负担的社会保险费见表 2-1-21。

表 2-1-21

计提及分摊单位负担的社会保险费

部门 / 人员类别		社会保险费(30.1%)分配科目	
		借方	贷方
行政部	经理人员	560205　管理费用——社会保险费	221102　应付职工薪酬——社会保险费
	管理人员		
财务部	经理人员		
	管理人员		
销售部	经理人员	5601　销售费用	
	销售人员		

部门／人员类别		社会保险费(30.1%)分配科目	
		借方	贷方
采购部	经理人员	560205　管理费用——社会保险费	221102　应付职工薪酬——社会保险费
	采购人员		
仓管部 设备部	经理人员		
	管理人员		
生产部	经理人员	4101　制造费用	
	生产人员	400102　生产成本——直接人工	

说明:假设单位承担的社会保险包括基本养老保险 20%、基本医疗保险 8%、失业保险 1%、工伤保险 0.5% 和生育保险 0.6%。

12. 2021 年 1 月份经济业务

28 日,因去年销售部推广产品业绩较好,厂部决定销售部每人增加奖励工资 600.00 元。

 ## 训练要求

(1) 以王蓉(201)的身份,于 2021 年 1 月 4 日登录 202 账套,完成以下操作:

① 根据训练资料 1 设置工资核算账套。

② 根据训练资料 2 和 3 设置人员类别和工资账套主管。

③ 根据训练资料 4 和 5 设置工资项目构成和代发工资银行信息。

④ 根据训练资料 6 设置人员档案。

⑤ 根据训练资料 7 设置工资系统计算公式。

⑥ 根据训练资料 8 录入职工工资固定数据。

⑦ 根据训练资料 9 确认系统中的个人所得税税率表。

⑧ 根据训练资料 10 进行工资分摊类型设置。

⑨ 根据训练资料 11 进行社会保险费计提类别设置。

(2) 以王小洁(102)的身份,于 2021 年 1 月 28 日登录 202 账套,根据训练资料 12 进行工资计算。

(3) 以曹静(202)的身份,于 2021 年 1 月 29 日登录 202 账套,生成工资分摊和社会保险费分摊的转账凭证。

 ## 训练指导

1. 启用工资系统

执行"系统管理"|"账套"|"启用"命令,打开"系统启用"窗口,单击选中"WA 工资管理"

复选框,启用工资系统。

2. 建立工资账套

执行"信息门启"|"工资管理"命令,打开"建立工资账套对话框"。

(1) 设置工资账套参数。

(2) 设置扣税设置。

(3) 设置扣零设置

(4) 设置人员编码。

提示:

- 人员编码即单位人员编码长度,可以根据需要自由定义人员编码长度,但总长度不能超过10位字符。
- 在单个工资类别情况下,工资账套建立完成后不需要建立工资类别。

3. 设置人员类别

在工资管理系统中,单击"人员类别设置"图标,打开"人员类别设置"对话框,完成人员类别的设置。

4. 设置代发工资银行名称

单击"银行名称"图标,打开"银行名称设置"对话框,完成代发工资银行名称的设置。

5. 设置人员附加信息

单击"人员附加信息"图标,打"人员附加信息设置"对话框,完成人员附加信息的设置。

6. 设置人员档案

在工资管理系统中,单击"人员档案"图标,单击"批增"打开"人员批量增加"对话框,选中相关部门,完成人员档案的设置。

7. 设置工资项目

在工资管理系统中,单击"工资项目"图标,打开"工资项目设置"对话框,完成工资项目的设置。

提示:

- 可以通过"重命名"按钮修改原设的参数。
- 工资项目名称必须唯一。
- 已用的工资项目不可删除,不能修改数据类型。
- 系统提供的固定工资项目不能修改。

8. 设置工资项目计算公式

执行"工资"|"设置"命令,打开"工资项目设置"对话框,完成工资项目计算公式的设置。

9. 录入工资固定数据

在工资管理系统中,单击"工资变动"图标,打开"工资变动"窗口,完成工资固定数据的录入。

10. 计算个人所得税

(1) 执行"工资"|"业务处理"|"扣缴所得税"命令,打开"栏目选择"对话框,单击"确认"进入"个人所得税扣缴申报表"窗口,确认计税基数,重新计算个人所得税。

(2) 执行"工资"|"业务处理"|"工资变动"命令,完成工资的计算。

11. 分配本月职工工资

(1) 执行"工资"|"业务处理"|"工资分摊"命令,打开"工资分摊"对话框,完成工资分摊类型和构成设置。

(2) 执行"工资"|"业务处理"|"工资分摊"命令,打开"工资分摊"对话框,生成工资分摊的转账凭证。

训练结果

输出 202 账套,保存到"202 账套备份 / 训练 2.1.6"文件夹中。

训练参考

(1) 2021 年 1 月份工资结算结果见表 2–1–22。

表2-1-22

工资结算表

人员编号	姓名	部门	人员类别	基本工资	岗位工资	奖金	交通补贴	伙食补贴	社会保险费（个人）	住房公积金（个人）	应发合计	代扣税	扣款合计	实发合计
101	钟原青	行政部	经理人员	3 500.00	3 200.00	1 500.00	1 000.00	0.00	966.00	1 104.00	9 200.00	258.00	2 070.00	7 130.00
102	王小洁	行政部	管理人员	2 000.00	2 600.00	700.00	1 000.00	0.00	661.50	756.00	6 300.00	41.48	1 417.50	4 882.50
201	王 蓉	财务部	经理人员	3 000.00	3 200.00	1 500.00	1 000.00	0.00	913.50	1 044.00	8 700.00	219.25	1 957.50	6 742.50
202	曹 静	财务部	管理人员	1 800.00	2 600.00	700.00	1 000.00	0.00	640.50	732.00	6 100.00	36.83	1 372.50	4 727.50
203	李 菲	财务部	管理人员	1 800.00	2 600.00	700.00	1 000.00	0.00	640.50	732.00	6 100.00	36.83	1 372.50	4 727.50
204	郭 秀	财务部	管理人员	1 800.00	2 600.00	700.00	1 000.00	0.00	640.50	732.00	6 100.00	36.83	1 372.50	4 727.50
301	张 杰	采购部	经理人员	3 000.00	3 200.00	1 500.00	1 000.00	0.00	913.50	1 044.00	8 700.00	219.25	1 957.50	6 742.50
302	李 茜	采购部	采购人员	1 800.00	2 600.00	1 200.00	1 000.00	0.00	693.00	792.00	6 600.00	56.50	1 485.00	5 115.00
401	李 利	销售部	经理人员	3 200.00	3 200.00	1 800.00	1 400.00	600.00	1 071.00	1 224.00	10 200.00	335.50	2 295.00	7 905.00
402	王 丽	销售部	销售人员	1 800.00	2 600.00	1 500.00	1 000.00	600.00	787.50	900.00	7 500.00	126.25	1 687.50	5 812.50
501	赵 江	仓管部	经理人员	3 000.00	3 200.00	1 500.00	1 000.00	0.00	913.50	1 044.00	8 700.00	219.25	1 957.50	6 742.50
502	李 英	仓管部	管理人员	1 800.00	2 600.00	700.00	1 000.00	0.00	640.50	732.00	6 100.00	36.83	1 372.50	4 727.50
601	陈 王	设备部	经理人员	3 000.00	3 200.00	1 500.00	1 000.00	0.00	913.50	1 044.00	8 700.00	219.25	1 957.50	6 742.50
602	李 跃	设备部	管理人员	1 800.00	2 600.00	700.00	1 000.00	0.00	640.50	732.00	6 100.00	36.83	1 372.50	4 727.50
701	陈 锋	生产部	经理人员	3 000.00	3 200.00	1 500.00	1 000.00	0.00	913.50	1 044.00	8 700.00	219.25	1 957.50	6 742.50
702	林 虹	生产部	生产人员	1 500.00	2 600.00	1 000.00	1 000.00	0.00	640.50	732.00	6 100.00	36.83	1 372.50	4 727.50
703	程 晓	生产部	生产人员	1 500.00	2 600.00	1 000.00	1 000.00	0.00	640.50	732.00	6 100.00	36.83	1 372.50	4 727.50
704	范 云	生产部	生产人员	1 500.00	2 600.00	1 000.00	1 000.00	0.00	640.50	732.00	6 100.00	36.83	1 372.50	4 727.50

（2）2021年1月份工资分摊计算结果见表2-1-23。

表 2-1-23

工资分摊计算结果

部门名称	人员类别	分配金额	借方科目编码	贷方科目编码
行政部	经理人员	9 200.00	560201	221101
行政部	管理人员	6 300.00		
财务部	经理人员	8 700.00		
财务部	管理人员	18 300.00		
采购部	经理人员	8 700.00		
采购部	采购人员	6 600.00		
销售部	经理人员	10 200.00	5601	
销售部	销售人员	7 500.00		
仓管部	经理人员	8 700.00	560201	
仓管部	管理人员	6 100.00		
设备部	经理人员	8 700.00		
设备部	管理人员	6 100.00		
生产部	经理人员	8 700.00	4101	
生产部	生产人员	18 300.00	400102	

（3）2021年1月份社会保险费计算结果见表2-1-24。

表 2-1-24

社会保险费计算表

部门名称	人员类别	计提基数	计提比例	计提金额	借方科目编码	贷方科目编码
行政部	经理人员	966.00	30.10%	290.77	560205	221102
行政部	管理人员	661.50	30.10%	199.11		
财务部	经理人员	913.50	30.10%	274.96		
财务部	管理人员	1 921.50	30.10%	578.37		
采购部	经理人员	913.50	30.10%	274.96		
采购部	采购人员	693.00	30.10%	208.59		
销售部	经理人员	1 071.00	30.10%	322.37	5601	
销售部	销售人员	787.50	30.10%	237.04		

部门名称	人员类别	计提基数	计提比例	计提金额	借方科目编码	贷方科目编码
仓管部	经理人员	913.50	30.10%	274.96		
仓管部	管理人员	640.50	30.10%	192.79	560205	221102
设备部	经理人员	913.50	30.10%	274.96		
设备部	管理人员	640.50	30.10%	192.79		
生产部	经理人员	913.50	30.10%	274.96	4101	
生产部	生产人员	1 921.50	30.10%	578.37	400102	

（4）操作至此，本次训练的账套数据已备份至 http://abook.hep.com.cn/sve 本课程的"丽达账套数据 / 训练 2.1.6 职工薪酬核算"中。

训练 2.1.7　固定资产核算

 训练目的

通过本次上机训练，能正确建立固定资产账套；能正确设置固定资产系统参数；确定资产类别及资产卡片样式；能正确录入固定资产原始数据；正确进行固定资产核算。

训练资料

1. 固定资产系统基本信息

（1）计提固定资产折旧采用"平均年限法（一），按月计提折旧"，折旧汇总分配周期为"1 个月"；当"月初已计提月份 = 可使用月份 –1"时，要求将剩余折旧全部提足。

（2）固定资产类别编码方式为"2-1-1-2"，固定资产编码方式采用按"类别编号＋序号"自动编码，卡片序号长度为"3"。

（3）固定资产系统要与总账系统进行对账；固定资产业务发生后立即制单；月末结账前一定要完成制单登账业务；在对账不平的情况下不允许固定资产月末结账。

① 固定资产对账科目为"1601　固定资产"。

② 累计折旧对账科目为"1602　累计折旧"。

（4）固定资产入账科目：

① 可纳税调整的增加方式为"直接购入"和"在建工程转入"。

② 固定资产缺省入账科目为"1601　固定资产"。

③ 累计折旧缺省入账科目为"1602　累计折旧"。

④ 可抵扣税额入账科目为"22210101　应交税费——应交增值税(进项税额)"。

2. 固定资产类别

固定资产类别见表2-1-25。

表 2-1-25

固定资产类别

编码	类别名称	使用年限	净残值率	计提属性
01	房屋及建筑物			
011	厂房	30	2%	正常计提
02	机器设备			
021	办公设备	5	3%	正常计提
022	生产设备	5		正常计提

说明:卡片样式为"通用样式"。

3. 固定资产管理部门及其对应折旧科目

固定资产管理部门及其对应折旧科目见表2-1-26。

表 2-1-26

固定资产管理部门及其对应折旧科目

部门	对应折旧科目	部门	对应折旧科目
行政部	管理费用——折旧费(560204)	仓管部	管理费用——折旧费(560204)
财务部	管理费用——折旧费(560204)	设备部	管理费用——折旧费(560204)
采购部	管理费用——折旧费(560204)	生产部	制造费用(4101)
销售部	销售费用(5601)		

4. 固定资产增减方式及其对应入账科目

固定资产增减方式及其对应入账科目见表2-1-27。

表 2-1-27

固定资产增减方式及其对应入账科目

增加方式	对应入账科目	减少方式	对应入账科目
直接购入	银行存款——工行存款(100201)	出售	固定资产清理(1606)
在建工程转入	在建工程(1604)	报废	固定资产清理(1606)

5. 固定资产原始数据

固定资产原始数据见表2-1-28。

表 2-1-28

固定资产原始数据

固定资产名称	固定资产编号	所在部门	增加方式	可使用年限	开始使用日期	原值	净残值率	净残值	已提月份	累计折旧
厂房	011001	生产部	在建工程转入	30	2019年6月1日	120 000.00	2%	2 400.00	18	5 880.00
联想电脑	021001	销售部	直接购入	5	2019年12月8日	10 000.00	3%	300.00	12	1 940.00
打印机	021002	财务部	直接购入	5	2020年10月2日	1 850.00	3%	55.50	2	59.82
雕花机	022001	生产部	直接购入	5	2020年9月6日	30 000.00	0	0	3	1 500.00
压刨机	022002	生产部	直接购入	5	2020年9月1日	18 000.00	0	0	3	900.00
合计						179 850.00				10 279.82

注:固定资产的使用状况均为在用。

6. 固定资产相关经济业务

在 2021 年 1 月发生如下固定资产业务:

(1) 28 日,设备部购买一台拉锯,开出转账支票(票号:12608611)支付金额 28 000.00 元,增值税税额 3 640.00 元。同日到货。该设备不需安装,当即投入使用。(附单据 4 张)

(2) 28 日,计提本月固定资产折旧。

(3) 28 日,销售部一台联想电脑因技术落后无法升级,申请报废,经总经理批准准予报废。

 训练要求

(1) 以王蓉(201)的身份,于 2021 年 1 月 4 日登录 202 账套,进行以下操作:

① 根据训练资料 1 建立固定资产账套和设置系统参数。

② 根据训练资料 2~4 完成固定资产系统基础设置。

③ 根据训练资料 5 录入固定资产原始数据。

(2) 以李跃(602)的身份,于 2021 年 1 月 29 日登录 202 账套,完成训练资料 6 的业务(1)。

(3) 以曹静(202)的身份,于 2021 年 1 月 29 日登录 202 账套,完成训练资料 6 的业务(2)。

(4) 以李跃(602)的身份,于 2021 年 1 月 29 日登录 202 账套,完成训练资料 6 的业务(3)。

(5) 以曹静(202)的身份,于 2021 年 1 月 29 日登录 202 账套,生成相应的记账凭证。

训练指导

1. 设置固定资产系统参数

（1）同意固定资产系统的约定及说明。

（2）确认启用月份。

（3）录入折旧信息。

（4）选择编码方式。

（5）完成固定资产账套的建立。

2. 修改固定资产系统参数

（1）在"固定资产"系统中，执行"设置"|"选项"命令。在"选项"对话框中，单击选中"与账务系统接口"复选框，单击选中"业务发生后立即制单"复选框。

（2）单击"可纳税调整的增加方式"参选按钮，在"可纳税调整的增加方式"对话框中，分别单击选中"直接购入"和"在建工程转入"复选框，单击"确认"按钮。

（3）在"[固定资产]缺省入账科目"框内录入"1601,固定资产"，在"[累计折旧]缺省入账科目"框内录入"1602,累计折旧"，在"可抵扣税额入账科目"框内录入"22210101,应交税费/应交增值税/进项税额"，单击"确认"按钮，退出。

3. 设置资产类别

在固定资产系统中，单击"资产类别"图标，打开"资产类别"对话框，即可完成资产类别的设置。

> **提示：**
>
> • 如果需要修改已设置好的资产分类，可通过"操作"按钮实现。

4. 设置固定资产管理部门及其对应折旧科目

执行"固定资产"|"设置"|"部门及对应折旧科目"命令，打开"部门及对应折旧科目"对话框，即可完成固定资产管理部门及其对应折旧科目的设置。

5. 设置固定资产增减方式的对应入账科目

执行"固定资产"|"设置"|"增减方式"命令，进入"增减方式"窗口，即可完成固定资产增减方式的对应入账科目的设置。

6. 录入固定资产卡片

在固定资产系统中，单击"录入原始卡片"图标，打开"资产类别参照"对话框，即可完成固定资产原始卡片的录入。

7. 增加固定资产

执行"固定资产"|"卡片"|"资产增加"命令，打开"资产类别参照"对话框，即可完成固定

资产的增加。

> **提示：**
>
> - 新卡片第1个月不提折旧，折旧额为空或0。原值录入的一定为卡片录入月的月初价值，否则将会出现计算错误。如果录入的累计折旧、累计工作量不为"0"，说明该固定资产是旧资产，该累计折旧或累计工作量应为在进入本企业前的值。

8. 计提折旧

执行"固定资产"|"处理"|"计提本月折旧"命令，即可完成固定资产的计提。

9. 减少固定资产

执行"固定资产"|"卡片"|"资产减少"命令，打开"资产减少"对话框，即可完成固定资产的减少。

10. 生成记账凭证

（1）执行"固定资产"|"处理"|"批量制单"命令，打开"批量制单"对话框，单击"全选"按钮，打开"制单设置"页签。

（2）在"批量制单"窗口中，单击"制单"按钮，生成记账凭证，修改相关内容，单击"保存"按钮。

 训练结果

输出202账套，保存到"202账套备份/训练2.1.7"文件夹中。

 训练参考

（1）2021年1月份固定资产清单见表2-1-29。

表2-1-29

固定资产清单

部门名称	资产类别	数量	使用年限	计量单位	原值	累计折旧	净值	新旧程度/%	净残值	本月折旧
财务部(2)		1			1 850.00	89.79	1 760.21	95.15	55.50	29.97
	机器设备(02)	1			1 850.00	89.79	1 760.21	95.15	55.50	29.97
销售部(4)										162.00

部门名称	资产类别	数量	使用年限	计量单位	原值	累计折旧	净值	新旧程度 /%	净残值	本月折旧
	机器设备(02)									162.00
设备部(6)		1			28 000.00		28 000.00	100.00		
	机器设备(02)	1			28 000.00		28 000.00	100.00		
生产部(7)		3			168 000.00	9 405.60	158 594.40	94.40	2 400.00	1 125.60
	房屋及建筑物(01)	1			120 000.00	6 204.00	113 796.00	94.83	2 400.00	324.00
	机器设备(02)	2			48 000.00	3 201.60	44 798.40	93.33		801.60
合计		5			197 850.00	9 495.39	188 354.61	95.20	2 455.50	1 317.57

（2）操作至此，本次训练的账套数据已备份至 http://abook.hep.com.cn/sve 本课程的"丽达账套数据 / 训练 2.1.7 固定资产核算"中。

训练 2.1.8 审核、记账与账簿管理

训练目的

通过本次上机训练，能够正确完成会计审核、出纳复核签字和会计记账的操作；顺利输出日记账、总账、明细账和多栏明细账。

训练资料

参见训练 2.1.1~训练 2.1.7 的训练资料。

训练要求

（1）以王蓉（201）的身份，于 2021 年 1 月 28 日登录 202 账套总账系统，进行凭证审核。

（2）以李菲（203）的身份，于 2021 年 1 月 29 日登录 202 账套总账系统，对 1 月份收付款业务凭证进行出纳签字。

（3）以王蓉（201）的身份，于 2021 年 1 月 29 日登录 202 账套总账系统，完成如下操作：

① 查询"5602　管理费用"的总账余额（包含未记账凭证）。

② 查询包含未记账凭证的所有科目的余额表。

③ 查询"222101　应交税费——应交增值税"多栏式明细账。

④ 查询财务部"560205　管理费用——职工薪酬"的部门科目总账。

⑤ 查询应收财胜公司账款的余额。

（4）以王蓉（201）的身份，于 2021 年 1 月 29 日登录 202 账套总账系统，进行记账处理。

训练指导

1. 会计审核凭证

执行"总账"|"凭证"|"审核凭证"命令，打开"凭证审核查询"对话框，会计即可对本月记账凭证进行审核。

> 提示：
>
> - 在确认一批凭证无错误时，可以选择"审核"|"成批审核凭证"功能，可以进行成批审核。
> - 作废凭证不能被审核，也不能被标错。
> - 审核人和制单人不能是同一个人。
> - 凭证一经审核，不能被修改和删除，只有取消审核签字后才能进行修改或删除。
> - 若审核凭证发现有误可以标错，已标错的凭证不能被审核，需先取消标错后才能进行审核。

2. 出纳复核签字

执行"总账"|"凭证"|"出纳签字"命令，打开"出纳签字查询"条件对话框，出纳即可对本月涉及货币资金收付款业务记账凭证进行复核签字。

> 提示：
>
> - 出纳签字时，可以执行"签字"|"成批出纳签字"命令。取消签字时，则可以执行"签字"|"成批取消签字"命令，完成相应的操作。
> - 凭证一经签字，不能被修改、删除，只有取消签字后才可以进行，取消签字只能由出纳本人进行操作。

3. 查询总账

执行"总账"|"账簿查询"|"总账"命令，打开"总账查询条件"对话框，录入总账查询条件后，即可查询到指定的总账科目的信息。

4. 查询未记账的科目余额表

执行"总账"|"账簿查询"|"余额表"命令，录入查询条件后，即可查询未记账的科目发生

额及余额表。

5. 查询明细账

执行"总账"|"账簿查询"|"明细账"命令,打开"明细账查询条件"对话框,即可查询指定的明细科目信息。

6. 查询部门总账

执行"总账"|"辅助查询"|"部门总账"命令,打开"部门总账"对话框,选择部门,即可得到查询结果。

7. 查询客户明细账

执行"总账"|"辅助查询"|"客户明细账"命令,打开"客户明细账"对话框,选择客户,即可得到客户查询结果。

8. 查询供应商明细账

执行"总账"|"辅助查询"|"供应商明细账"命令,打开"供应商明细账"对话框,选择供应商,即可得到供应商查询结果。

> **提示:**
>
> - 若发现有应勾对而未勾对的往来账,可双击"两清"栏,进行手工勾对。

9. 记账

执行"总账"|"凭证"|"记账"命令,选择需要记账的范围,会计即可对本月记账凭证进行记账。

> **提示:**
>
> - 记账范围可录入数字、"–"和",",记账范围应小于已审核范围。
> - 第一次记账时,若期初余额试算不平衡,则不能记账。
> - 上月未结账,本月不能记账。
> - 作废凭证不需要审核,即可直接记账。
> - 在记账过程中,如果发现某一步设置错误,可单击"上一步"按钮返回进行修改。如果不想再继续记账,可单击"取消"按钮,取消本次记账工作。
> - 在记账过程中,不得中断退出。

 训练结果

输出 202 账套,保存到"202 账套备份 / 训练 2.1.8"文件夹中。

训练参考

(1)包含未记账凭证的所有科目的余额表见表 2–1–30。

表 2-1-30

2021 年 1 月份科目余额表（未记账）

科目编码	科目名称	期初余额		本期发生额		期末余额	
		借方	贷方	借方	贷方	借方	贷方
1001	库存现金	6 600.00		1 000.00		7 600.00	
1002	银行存款	3 919 500.00		447 086.90	118 573.50	4 248 013.40	
1122	应收账款	33 900.00				33 900.00	
1221	其他应收款	6 000.00				6 000.00	
1403	原材料	895 000.00			48 750.00	846 250.00	
1405	库存商品	993 600.00				993 600.00	
1601	固定资产	179 850.00		28 000.00	10 000.00	197 850.00	
1602	累计折旧		10 279.82	2 102.00	1 317.57		9 495.39
1606	固定资产清理			7 898.00		7 898.00	
	资产小计	6 034 450.00	10 279.82	486 086.90	178 641.07	6 341 111.40	9 495.39
2001	短期借款		300 000.00				300 000.00
2202	应付账款		280 800.00				280 800.00
2211	应付职工薪酬		97 104.00	85 933.50	136 275.00		147 445.50
2221	应交税费		3 650.00	3 640.00	43 956.90		43 966.90
2501	长期借款		200 000.00				200 000.00
	负债小计		881 554.00	89 573.50	180 231.90		972 212.40
3001	实收资本		3 128 116.18		65 000.00		3 193 116.18
3002	资本公积		650 000.00				650 000.00
3101	盈余公积		332 000.00				332 000.00
3104	利润分配		1 200 000.00				1 200 000.00
	所有者权益小计		5 310 116.18		65 000.00		5 375 116.18
4001	生产成本	167 500.00		67 628.37		235 128.37	
4101	制造费用			10 100.56		10 100.56	
	成本小计	167 500.00		77 728.93		245 228.93	
5001	主营业务收入				338 130.00		338 130.00
5601	销售费用			18 421.41		18 421.41	
5602	管理费用			90 192.23		90 192.23	
	损益小计			108 613.64	338 130.00	108 613.64	338 130.00
	合计	6 201 950.00	6 201 950.00	762 002.97	762 002.97	6 694 953.97	6 694 953.97

(2) 操作至此,本次训练的账套数据已备份至 http://abook.hep.com.cn/sve 本课程的"丽达账套数据 / 训练 2.1.8 审核、记账与账簿管理"中。

训练 2.1.9 工资、固定资产和总账系统月末处理

 训练目的

通过本次上机训练,能正确完成银行对账工作;正确设置总账系统内部转账分录;正确生成自动转账凭证;顺利完成工资系统、固定资产系统和总账系统的月末结账工作。

 训练资料

(1) 银行对账的启用日期为 2021 年 1 月 4 日。工行人民币户企业银行存款日记账调整前余额为 3 900 000.00 元,银行对账单调整前余额为 3 910 500.00 元,未达账项一笔,系银行已收企业未收 10 500.00 元(2020–12–28 结算方式:其他)。

(2) 开户银行提供的 2021 年 1 月份银行对账单见表 2–1–31。

表 2–1–31

银行对账单

日期	结算方式	票号	借方金额	贷方金额
2021–01–04	202	00202001		85 933.50
2021–01–15	202	00202002		62 000.00
2021–01–18	202	00202007	382 086.90	

 训练要求

(1) 以王蓉(201)的身份,于 2021 年 1 月 28 日登录 202 账套总账系统,设置期间损益结转分录。

(2) 以李菲(203)的身份,于 2021 年 1 月 29 日登录 202 账套总账系统,根据训练资料完成银行对账操作。

(3) 以曹静(202)的身份,于 2021 年 1 月 29 日登录 202 账套总账系统,生成 1 月份期间损益(收入、支出合并生成)结转凭证。

(4) 以王蓉(201)的身份,对自动转账凭证进行审核与记账。

(5) 以王蓉(201)的身份,对 2021 年 1 月份进行工资系统和固定资产系统月末结账操作。

(6) 以王蓉(201)的身份,对 2021 年 1 月份进行总账系统对账与结账处理。

训练指导

1. 设置期间损益结转分录

执行"总账"|"期末"|"转账定义"|"期间损益"命令,即可完成期间损益结转分录的设置。

▶ 提示:

- 每个损益类科目的期末余额将结转到与其同一行的"本年利润"科目中去。
- 损益类科目与"本年利润"科目都有辅助核算时,则辅助账类必须相同。
- "本年利润"科目必须为末级科目,且为"本年利润"入账科目的下级科目。

2. 银行对账

(1) 执行"现金"|"设置"|"银行期初录入"命令,完成银行对账期初数据的录入。

▶ 提示:

- 第一次使用银行对账功能前,系统要求录入日记账及对账单未达账项,在开始使用银行对账后不再使用。
- 在单位日记账和银行对账单期初未达账项录入完毕后,不能随意调整启用日期,尤其是向前调。

(2) 执行"现金"|"现金管理"|"银行账"|"银行对账单"命令,完成银行对账单的录入。

▶ 提示:

- 在银行存款收支业务处理完毕后,系统会自动生成银行存款日记账的未达账项。
- 若企业在多家银行开户,对账单应与其对应账号所对应的银行存款下的末级科目一致。

(3) 执行"现金"|"现金管理"|"银行账"|"银行对账"命令,完成银行自动对账。

▶ 提示:

- 对账条件中的方向、金额相同是必选条件,对账截止日期可以录入,也可以不录入。
- 对于已达账项,系统会自动在银行存款日记账和银行对账单双方的"两清"栏打上圆圈标志,其所在行背景色变为绿色。

(4) 执行"现金"|"现金管理"|"银行账"|"余额调节表查询"命令,即可输出银行存款余额调节表。

▶ 提示:

- 银行存款余额调节表为对账截止日期的余额调节表。若无对账截止日期,则为最新余额调节表。

3. 生成期间损益结转凭证

执行"总账"|"期末"|"转账生成"命令,即可生成期间损益结转凭证。

> **提示:**
>
> - 转账凭证每月只需要生成一次,不能反复进行。

4. 工资系统月末结账

执行"工资"|"业务处理"|"月末处理"命令,即可完成工资系统的月末处理。

> **提示:**
>
> - 只有进行本月的期末处理,才能进行下个月份的业务处理。
> - 注意本月变动数据的清零处理。

5. 固定资产系统月末结账

执行"固定资产"|"处理"|"月末结账"命令,即可完成固定资产月末结账。

> **提示:**
>
> - 固定资产系统月末结账后,所有数据资料将不能修改。
> - 月末结账没有完成,不能处理下一个会计期间的数据。

6. 总账系统月末结账

(1)执行"总账"|"期末"|"对账"命令。

(2)在"对账"对话框中,完成总账对账和试算平衡。

(3)执行"总账"|"期末"|"结账"命令,完成总账系统的月末结账。

> **提示:**
>
> - 结账前,要进行数据备份。
> - 结账是一种成批数据处理,每月只能结账一次。
> - 已结账月份不能再填制凭证。
> - 结账只能由有结账权的人完成。
> - 结账必须按月连续进行。
> - 进入结账向导四——"完成结账"时,当提示"未通过检查不能结账"时,可单击"上一步"按钮,查看月度工作报告,仔细查找原因。

训练结果

输出 202 账套,保存到"202　账套备份 / 训练 2.1.9"文件夹中。

训练参考

（1）银行存款余额调节表的查询结果见表 2-1-32。

表 2-1-32

银行存款余额调节表

银行科目：工行存款（100201）   对账截止日期：2021.1.29

单位日记账		银行对账单	
调整前余额	4 163 513.40	调整前余额	4 144 653.40
加：银行已收，企业未收	392 586.90	加：企业已收，银行未收	382 086.90
减：银行已付，企业未付	147 933.50	减：企业已付，银行未付	118 573.50
调整后余额	4 408 166.80	调整后余额	4 408 166.80

（2）已结账的全部科目余额表见表 2-1-33。

表 2-1-33

科目余额表（已结账）

科目编码	科目名称	期初余额		本期发生额		期末余额	
		借方	贷方	借方	贷方	借方	贷方
1001	库存现金	6 600.00		1 000.00		7 600.00	
1002	银行存款	3 919 500.00		447 086.90	118 573.5	4 248 013.40	
1122	应收账款	33 900.00				33 900.00	
1221	其他应收款	6 000.00				6 000.00	
1403	原材料	895 000.00			48 750.00	846 250.00	
1405	库存商品	993 600.00				993 600.00	
1601	固定资产	179 850.00		28 000.00	10 000.00	197 850.00	
1602	累计折旧		10 279.82	2 102.00	1 317.57		9 495.39
1606	固定资产清理			7 898.00		7 898.00	
	资产小计	6 034 450.00	10 279.82	486 086.90	178 641.07	6 341 111.40	9 495.39
2001	短期借款		300 000.00				300 000.00
2202	应付账款		280 800.00				280 800.00
2211	应付职工薪酬		97 104.00	85 933.50	136 275.00		147 445.50
2221	应交税费		3 650.00	3 640.00	43 956.90		43 966.90

科目编码	科目名称	期初余额		本期发生额		期末余额	
		借方	贷方	借方	贷方	借方	贷方
2501	长期借款		200 000.00				200 000.00
	负债小计		881 554.00	89 573.50	180 231.90		972 212.40
3001	实收资本		3 128 116.18		65 000.00		3 193 116.18
3002	资本公积		650 000.00				650 000.00
3101	盈余公积		332 000.00				332 000.00
3103	本年利润			108 613.64	338 130.00		229 516.36
3104	利润分配		1 200 000.00				1 200 000.00
	所有者权益小计		5 310 116.18	108 613.64	403 130.00		5 604 632.54
4001	生产成本	167 500.00		67 628.37		235 128.37	
4101	制造费用			10 100.56		10 100.56	
	成本小计	167 500.00		77 728.93		245 228.93	
5001	主营业务收入			338 130.00	338 130.00		
5601	销售费用			18 421.41	18 421.41		
5602	管理费用			90 192.23	90 192.23		
	损益小计			446 743.64	446 743.64		
	合计	6 201 950.00	6 201 950.00	1 208 746.61	1 208 746.61	6 586 340.33	6 586 340.33

(3) 操作至此,本次训练的账套数据已备份至 http://abook.hep.com.cn/sve 本课程的"丽达账套数据/训练 2.1.9 工资、固定资产和总账系统月末处理"中。

训练 2.1.10　利用报表模板编制财务报表

训练目的

通过本次上机训练,能够利用 T3 云平台提供的报表模板正确编制财务报表。

训练资料

(1) 按《小企业会计准则》规定的格式编制 2021 年 1 月 29 日的"资产负债表"。

(2) 按《小企业会计准则》规定的格式编制 2021 年 1 月份的"利润表"。

训练要求

以王蓉(201)的身份,于 2021 年 1 月 29 日登录 202 账套财务报表系统,根据训练资料完成以下操作:

(1) 调用"小企业会计准则(2013)"的"资产负债表"模板。录入关键字的内容:单位名称为"海南丽达家具厂",年为"2021",月为"1",日为"29"。

(2) 调用"小企业会计准则(2013)"的"利润表"模板。录入关键字的内容:单位名称为"海南丽达家具厂",年为"2021",月为"1"。

训练指导

1. 调用报表模板

执行"财务报表"|"新建报表"命令,选择"模板分类",单击"确定"自动生成模板。

提示:

- 必须在"格式"状态下打开报表模板。
- 单击空白报表底部左下角的"格式/数据"按钮,可切换状态。

2. 保存报表模板

在格式状态下,执行"文件"|"保存"命令,打开"保存报表"对话框,录入文件名,选择保存类型,单击"保存"完成。

提示:

- 报表格式设置完成后,必须及时保存,以便随时调用。若没有保存就直接退出,系统将弹出"是否保存报表?"信息提示对话框。

3. 生成财务报表

(1) 进入报表的数据状态。

提示:

- 报表的数据处理必须在数据状态下进行。

(2) 执行"数据"|"关键字"|"录入"命令,打开"录入关键字"对话框,完成关键字的录入。

提示:

- 每张表页均对应不同的关键字值,输出时随同单元一起显示。
- 日期关键字可以确定报表数据生成的具体日期。

 训练结果

输出 202 账套,保存到"202 账套备份 / 训练 2.1.10"文件夹中。

 训练参考

(1)生成的资产负债表和利润表结果,见表 2-1-34 和表 2-1-35。

表 2-1-34

资产负债表

会小企 01 表

单位名称:海南丽达家具厂　　　　2021 年 1 月 31 日　　　　单位:元

资产	行次	期末余额	年初余额	负债和所有者权益	行次	期末余额	年初余额
流动资产:				流动负债:			
货币资金	1	4 255 613.40	3 926 100.00	短期借款	31	300 000.00	300 000.00
短期投资	2			应付票据	32		
应收票据	3			应付账款	33	280 800.00	280 800.00
应收账款	4	33 900.00	33 900.00	预收账款	34		
预付账款	5			应付职工薪酬	35	147 445.50	97 104.00
应收股利	6			应交税费	36	43 966.90	3 650.00
应收利息	7			应付利息	37		
其他应收款	8	6 000.00	6 000.00	应付利润	38		
存货	9	2 085 078.93	2 056 100.00	其他应付款	39		
其中:原材料	10	846 250.00	895 000.00	其他流动负债	40		
在产品	11	245 228.93	167 500.00	流动负债合计	41	772 212.40	681 554.00
库存商品	12	993 600.00	993 600.00	非流动负债:			
周转材料	13			长期借款	42	200 000.00	200 000.00
其他流动资产	14			长期应付款	43		
流动资产合计	15	6 380 592.33	6 022 100.00	递延收益	44		
非流动资产:				其他非流动负债	45		
长期债券投资	16			非流动负债合计	46	200 000.00	200 000.00
长期股权投资	17			负债合计	47	972 212.40	881 554.00

资产	行次	期末余额	年初余额	负债和所有者权益	行次	期末余额	年初余额
固定资产原价	18	197 850.00	179 850.00				
减:累计折旧	19	9 495.39	10 279.82				
固定资产账面价值	20	188 354.61	169 570.18				
在建工程	21						
工程物资	22						
固定资产清理	23	7 898.00					
生产性生物资产	24			所有者权益(或股东权益)			
无形资产	25			实收资本(或股本)	48	3 193 116.18	3 128 116.18
开发支出	26			资本公积	49	650 000.00	650 000.00
长期待摊费用	27			盈余公积	50	332 000.00	332 000.00
其他非流动资产	28			未分配利润	51	1 429 516.36	1 200 000.00
非流动资产合计	29	196 252.61	169 570.18	所有者权益(或股东权益)合计	52	5 604 632.54	5 310 116.18
资产总计	30	6 576 844.94	6 191 670.18	负债和所有者权益(或股东权益)总计	53	6 576 844.94	6 191 670.18

表 2-1-35

利 润 表

会小企 02 表

单位名称:海南丽达家具厂　　　　　　　2021 年 1 月　　　　　　　　　单位:元

项目	行次	本年累计金额	本月金额
一、营业收入	1	338 130.00	338 130.00
减:营业成本	2		
税金及附加	3		
其中:消费税	4		
城市维护建设税	5		
资源税	6		

项目	行次	本年累计金额	本月金额
土地增值税	7		
城镇土地使用税、房产税、车船税、印花税	8		
教育费附加、矿产资源补偿费、排污费	9		
销售费用	10	18 421.41	18 421.41
其中:商品维修费	11		
广告费和业务宣传费	12		
管理费用	13	90 192.23	90 192.23
其中:开办费	14	87 400.00	87 400.00
业务招待费	15		
研究费用	16		
财务费用	17		
其中:利息费用(收入以"–"号填列)	18		
加:投资收益(损失以"–"号填列)	19		
二、营业利润(亏损以"–"号填列)	20	229 516.36	229 516.36
加:营业外收入	21		
其中:政府补助	22		
减:营业外支出	23		
其中:坏账损失	24		
无法收回的长期债券投资损失	25		
无法收回的长期股权投资损失	26		
自然灾害等不可抗力因素造成的损失	27		
税收滞纳金	28		
三、利润总额(亏损总额以"–"号填列)	29	229 516.36	229 516.36
减:所得税费用	30		
四、净利润(净亏损以"–"号填列)	31	229 516.36	229 516.36

（2）操作至此,本次训练的账套数据已备份至 http://abook.hep.com.cn/sve 本课程的"丽达账套数据 / 训练 2.1.10 利用报表模板编制财务报表"中。

方案 2.2　财务业务一体化应用

训练 2.2.1　购销存系统初始设置

训练目的

通过本次上机训练,能够正确设置购销存参数;正确设置购销存基础档案;完成购销存初始设置;正确录入购销存期初数据。

训练资料

1. 系统操作员及其相关权限

新增的系统操作员及其相关权限见表 2-2-1。

表 2-2-1

新增的操作员及其相关权限

编码及口令	人员姓名	部门	岗位	使用系统	权限
204	郭秀	财务部	会计	核算	• 公用目录设置 • 核算系统全部权限 • 应收、应付管理的全部权限
302	李茜	采购部	采购人员	采购	• 公用目录设置 • 应付管理的所有权限 • 采购系统中除采购订单审核以外的所有权限
402	王丽	销售部	销售人员	销售	• 公用目录设置 • 应收管理的所有权限 • 销售系统中除销售订单审核以外的所有权限
502	李英	仓管部	仓管人员	库存	• 公用目录设置 • 库存系统所有权限

2. 采购系统参数

（1）采购系统的入库单单价由手工录入。

（2）采购订单和采购发票的编号由手工录入。

3. 存货分类与存货档案

（1）存货分类见表2-2-2。

表 2-2-2

存 货 分 类

存货类别编码	存货类别名称	存货类别编码	存货类别名称
01	原材料	03	其他
02	产成品		

（2）存货档案见表2-2-3。

表 2-2-3

存 货 档 案

存货编号	存货分类码	存货名称	主计量单位	税率/%	存货属性	参考成本	参考售价
1001	01	橡木	吨	13	外购、生产耗用	10 000.00	
1002	01	红酸枝木	吨	13	外购、生产耗用	40 000.00	
1003	01	小叶红檀	吨	13	外购、生产耗用	15 000.00	
1004	01	铁板	平方米	13	外购、生产耗用	15.00	
2001	02	祥源衣柜	个	13	销售、自制	6 000.00	7 800.00
2002	02	红檀木圆桌	张	13	销售、自制	8 000.00	10 500.00
2003	02	大如意沙发（5件套）	套	13	销售、自制	86 700.00	112 710.00
3001	03	运输费	元	9	劳务费用		

4. 仓库档案与收发类别

（1）仓库档案见表2-2-4。

表 2-2-4

仓 库 档 案

仓库编码	仓库名称	部门	计价方式	货位管理
1	材料库	仓管部	先进先出法	否
2	产品库	仓管部	先进先出法	否

（2）收发类别见表 2-2-5。

表 2-2-5

收 发 类 别

收发类别编码	收发类别名称	收发类别标志
11	采购入库	收
12	产成品入库	收
21	销售出库	发
22	材料领用出库	发

5. 采购类型与销售类型

（1）采购类型见表 2-2-6。

表 2-2-6

采 购 类 型

采购类型编码	采购类型名称	入库类别
00	普通采购	11　采购入库

（2）销售类型见表 2-2-7。

表 2-2-7

销售类型信息表

销售类型编码	销售类型名称	出库类别
00	普通销售	21　销售出库

6. 存货科目与存货对方科目

（1）存货科目见表 2-2-8。

表 2-2-8

存 货 科 目

仓库编码	仓库名称	存货科目
1	材料库	橡木（140301）
2	产品库	祥源衣柜（140501）

(2) 存货对方科目见表 2-2-9。

表 2-2-9

存货对方科目

收发类别编码	收发类别名称	对方科目编码	对方科目名称
11	采购入库	1402	在途物资
12	产成品入库	400101	生产成本——直接材料
21	销售出库	5401	主营业务成本
22	材料领用出库	400101	生产成本——直接材料

7. 供应商往来科目及其结算方式科目

(1) 供应商往来科目见表 2-2-10。

表 2-2-10

供应商往来科目

科目类别	科目名称
应付科目	2202　应付账款
预付科目	1123　预付账款
采购科目	1402　在途物资
税金科目	22210101　应交税费——应交增值税(进项税额)

(2) 供应商往来结算方式科目见表 2-2-11。

表 2-2-11

供应商往来结算方式科目

结算方式	科目名称
现金	1001　库存现金
现金支票	100201　银行存款——工行存款
转账支票	100201　银行存款——工行存款

8. 客户往来科目及其结算方式科目

(1) 客户往来科目见表 2-2-12。

表 2-2-12

客户往来科目

科目类别	科目名称
应收科目	1122　应收账款
预收科目	2203　预收账款
销售收入科目	5001　主营业务收入
应交增值税科目	22210102　应交税费——应交增值税(销项税额)

（2）客户往来结算方式科目见表 2-2-13。

表 2-2-13

客户往来结算方式科目

结算方式	科目
现金	1001　库存现金
现金支票	100201　银行存款——工行存款
转账支票	100201　银行存款——工行存款

9. 购销存期初数据

（1）2021 年 1 月 22 日，签订合同向天祥木材厂购入橡木 3 吨，暂估单价 10 000 元，验收合格后入材料库。发票未收到。

（2）2021 年 1 月 26 日，与天诚公司签订合同，购小叶红檀 2 吨，无税单价为 15 000 元，价税合计为 33 900 元，增值税专用发票已开，发票号为：00092625。

（3）库存和核算系统期初数据见表 2-2-14。

表 2-2-14

库存和核算系统期初数据

仓库名称	存货编码	存货名称	数量	单价	金额
材料库	1001	橡木	12	10 000.00	120 000.00
材料库	1002	红酸枝木	16	40 000.00	640 000.00
材料库	1003	小叶红檀	9	15 000.00	135 000.00
产品库	2001	祥源衣柜	22	6 000.00	132 000.00
产品库	2002	红檀木圆桌	21	8 000.00	168 000.00
产品库	2003	大如意沙发（5 件套）	8	86 700.00	693 600.00

（4）客户往来期初数据见表 2-2-15。

表 2-2-15

客户往来期初数据

日期	发票号	客户	业务员	科目	货物代码	数量	单价
2020-12-10		明珠公司	王丽	1122	2001	3	7 800.00

（5）供应商往来期初数据见表 2-2-16。

表 2-2-16

供应商往来期初数据

日期	发票号	供应商	业务员	科目	货物代码	数量	单价
2021-01-15	00001001	天祥木材厂	张杰	2202	1004	480	15.00
2020-11-23	00001002	天诚公司	李茜	2202	1002	5	40 000.00

 训练要求

以王蓉(201)的身份,于 2021 年 2 月 1 日登录 202 账套,完成以下操作:

(1) 启用购销存系统及核算系统,启用日期为 2021 年 2 月 1 日。在总账系统"会计科目"中将应收账款、应付账款设置为系统受控科目。

(2) 根据训练资料 1 增加系统操作员,并为他们赋权。

(3) 根据训练资料 2 设置采购系统参数。

(4) 根据训练资料 3~8 设置与购销存系统相关的科目。

(5) 根据训练资料 9 的(1)和(2)录入采购系统期初数据;进行采购系统期初记账。

(6) 根据训练资料 9 的(3)~(5)录入库存 / 核算、客户往来和供应商往来期初数据。其中,应收账款科目的期初余额以销售普通发票方式录入;应付账款科目的期初余额以采购专用发票方式录入。

训练指导

1. 启用系统

启用购销存系统和核算系统。

2. 新增系统操作员

增加操作员,并给他们赋权。

3. 录入购销存基础档案

(1) 执行"基础设置"|"存货"|"存货档案"命令,打开"存货档案卡片"对话框,完成存货档案的录入。

(2) 执行"基础设置"|"购销存"|"仓库档案"命令,打开"仓库档案卡片"对话框,完成仓库档案的录入。

(3) 执行"基础设置"|"购销存"|"收发类别"命令,打开"收发类别"窗口,完成收发类别的录入。

(4) 执行"基础设置"|"购销存"|"采购类型"命令,打开"采购类型"窗口,完成采购类型的录入。

(5) 执行"基础设置"|"购销存"|"销售类型"命令,打开"销售类型"窗口,完成销售类型

的录入。

4. 购销存系统初始设置

(1) 执行"核算"|"科目设置"|"存货科目"命令,打开"存货科目"窗口,完成存货科目的设置。

(2) 执行"核算"|"科目设置"|"存货对方科目"命令,打开"对方科目设置"窗口,完成存货对方科目的设置。

(3) 执行"核算"|"科目设置"|"供应商往来科目"命令,打开"供应商往来科目设置"窗口,完成供应商往来科目的设置。

(4) 在"供应商往来科目设置"窗口树型结构中选择"结算方式科目设置"选项卡,完成供应商往来结算方式科目的设置。

(5) 执行"核算"|"科目设置"|"客户往来科目"命令,打开"客户往来科目设置"窗口,完成客户往来科目的设置。

(6) 在"客户往来科目设置"窗口树型结构中选择"结算方式科目设置"选项卡,完成客户往来结算方式科目的设置。

5. 录入购销存系统期初数据

(1) 执行"采购"|"采购业务范围设置"命令,完成采购系统参数的设置。

(2) 录入货到发票未到业务期初数据。执行"采购"|"采购入库单"命令,打开"采购入库单"窗口,录入期初采购入库单信息。

(3) 录入发票到货未到业务期初数据。执行"采购"|"采购发票"命令,打开"采购发票"窗口,录入期初采购专用发票信息。

(4) 执行"采购"|"期初记账"命令,打开"期初记账"提示框,单击"记账",完成期初记账。

> **提示:**
> - 采购系统如果不执行期初记账,则无法开始日常业务处理。
> - 采购系统如果不执行期初记账,库存和核算系统也不能记账。
> - 若要取消期初记账,可执行"采购"|"期初记账"|"取消记账"命令。

(5) 执行"库存"|"期初数据"|"库存期初"命令,打开"期初余额"窗口,完成存货期初余额的录入。

> **提示:**
> - 各个仓库存货的期初余额既可以在库存系统中录入,也可以在核算系统中录入。只要在其中一个系统录入即可,本例假设在库存系统中录入。

(6) 单击"记账"按钮,对所有仓库进行期初记账。

（7）执行"采购"|"供应商往来"|"供应商往来期初"命令,打开"供应商往来期初余额"窗口,查询期初余额明细表。

（8）单击"增加"按钮,录入期初采购专用发票。

（9）执行"销售"|"客户往来"|"客户往来期初"命令,打开"客户往来期初余额"窗口,查询期初余额明细表。

（10）单击"增加"按钮,录入期初销售普通发票。

 训练结果

输出 202 账套,保存到"202 账套备份 / 训练 2.2.1"文件夹中。

 训练参考

操作至此,本次训练的账套数据已备份至 http://abook.hep.com.cn/sve 本课程的"丽达账套数据 / 训练 2.2.1 购销存系统初始设置"中。

训练 2.2.2　采购与付款

 训练目的

通过本次上机训练,能够正确处理采购业务。

 训练资料

丽达家具厂 2021 年 2 月发生如下经济业务:

（1）4 日,采购部张杰向天祥木材厂购入红酸枝木 4 吨,不含税单价为 40 500.00 元,增值税税额为 21 060.00 元。预计本月 8 日到货。

（2）8 日,假设向天祥木材厂购买的红酸枝木到货,并已验收入库。

（3）8 日,假设向天祥木材厂购买的红酸枝木对方已发货,并收到一张增值税专用发票(票号:00092658)和一张运费增值税专用发票(票号:00001271),对方代垫运费 3 000.00 元,运费按金额分摊。

（4）9 日,采购部张杰开出转账支票(票号:12608612)向天祥木材厂支付货款 186 060.00元和运费款 3 000.00 元。

 训练要求

根据训练资料,于业务发生的当日登录 202 账套,完成以下操作:

(1) 以李茜(302)的身份录入采购订单。

(2) 以王蓉(201)的身份审核采购订单。

(3) 以李茜(302)的身份录入采购入库单。

(4) 以李英(502)的身份审核采购入库单。

(5) 以李茜(302)的身份录入采购发票,并进行采购结算。

(6) 以郭秀(204)的身份依据采购发票生成应付凭证。

训练指导

1. 采购订单处理

(1) 执行"采购"|"采购订单"命令,打开"采购订单"窗口,完成采购订单的录入和审核。

> **提示:**
>
> - 订单编号由系统自动生成,也可以手工修改,但不能重复。
> - 如果企业要按部门或业务员进行考核,必须录入相关"部门"和"业务员"信息。
> - 采购订单保存后,可在"订单明细列表"中查询。
> - 完成采购订单后,可单击"流转"按钮,生成采购入库单;也可在填制采购入库单时,单击鼠标右键选择"拷贝订单",参照已审核的采购订单。

(2) 执行"采购"|"采购入库单"命令,打开"采购入库单"窗口,完成采购入库单的录入。

> **提示:**
>
> - 完成采购入库单后,可单击"流转"按钮,生成采购专用发票信息;也可在采购发票库中直接录入相关信息。

(3) 执行"库存"|"采购入库单审核"命令,打开"采购入库单"窗口,完成采购入库单的审核。

(4) 执行"核算"|"核算"|"正常单据记账"命令,打开"正常单据记账条件"对话框,单击"确定",在"正常单据记账"窗口完成单据的记账。

(5) 执行"核算"|"凭证"|"购销单据制单"命令,打开"生成凭证"窗口,选择查询条件和要制单的记录行,单击"生成",在"填制凭证"窗口完成采购入库凭证的生成。

2. 发票处理

执行"采购"|"采购入库单"命令,打开"采购入库单"窗口,单击"流转"按钮生成专用发票,录入发票相关信息。

3. 采购结算

在采购系统中对采购发票进行复核,并与入库单进行采购结算。

4. 付款结算

执行"采购"|"供应商往来"|"付款结算"命令，打开"付款单"窗口，可对要核销的单据进行结算。

5. 生成记账凭证

执行"核算"|"凭证"|"供应商往来制单"|"核销制单"命令，打开"供应商往来制单"窗口，选择要制单的付款单，单击"制单"，完成付款凭证的生成。

 训练结果

输出 202 账套，保存到"202 账套备份 / 训练 2.2.2"文件夹中。

 训练参考

操作至此，本次训练的账套数据已备份至 http://abook.hep.com.cn/sve 本课程的"丽达账套数据 / 训练 2.2.2 采购与付款"中。

训练 2.2.3　销售与收款

 **训练目的**

通过本次上机训练，能够正确处理销售业务。

训练资料

丽达家具厂 2021 年 2 月发生如下经济业务：

（1）10 日，明珠公司订购祥源衣柜 10 个，单价为 7 800.00 元。预计 13 日发货。

（2）12 日,销售部王丽向明珠公司发出祥源衣柜,并开出该笔货物的增值税专用发票一张（发票号:00750028）。

（3）15 日,预收明珠公司交来的一张转账支票（票号:12608205）,金额为 40 000.00 元。

（4）15 日,收到转账支票一张（票号:12608206）,明珠公司付清余款 48 140.00 元。

 训练要求

根据训练资料,于业务发生的当日登录 202 账套,完成以下操作:

（1）以王丽（402）的身份录入销售订单。

（2）以王蓉（201）的身份审核销售订单。

（3）以王丽（402）的身份录入销售发货单。

（4）以李英（502）的身份审核销售发货单、出库单。

（5）以王丽（402）的身份录入和复核销售发票,并进行收款结算。

（6）以郭秀（204）的身份对单据进行记账,生成销售成本、销售收入和收款结算凭证。

 训练指导

1. 销售订单处理

执行"销售"|"销售订单"命令,打开"销售订单"窗口,完成销售订单的录入和审核。

提示:

● 已保存的销售订单可以修改或删除,但不能修改他人填制的销售订单。

2. 销售发票处理

执行"销售"|"销售发票"命令,打开"销售发票"窗口,完成销售发票的录入和复核,系统自动流转生成发货单和出库单。

3. 生成销售收入凭证

执行"核算"|"凭证"|"客户往来制单"命令,打开"客户制单查询"对话框,单击选中"发票制单"复选框,单击"确定"打开"客户往来制单"窗口,选择单据并修改相关凭证信息,单击"保存"生成销售收入凭证。

4. 收款结算

执行"销售"|"客户往来"|"收款结算"命令,打开"收款结算"窗口,录入收款单相关信息。

5. 生成收款凭证

（1）执行"核算"|"核算"|"客户往来制单"命令,打开"制单查询"对话框。

（2）单击选中"核销制单"复选框,打开"客户往来制单"窗口,选择单据,单击"制单"生成收款凭证。

训练结果

输出 202 账套,保存到"202 账套备份 / 训练 2.2.3"文件夹中。

训练参考

操作至此,本次训练的账套数据已备份至 http://abook.hep.com.cn/sve 本课程的"丽达账套数据 / 训练 2.2.3 销售与收款"中。

训练 2.2.4　购销存系统月末处理

训练目的

通过本次上机训练,能正确完成购销存和核算系统月末处理。

训练资料

参见训练 2.2.1~ 训练 2.2.3。

训练要求

顺利完成训练 2.2.1~ 训练 2.2.3 后,于 2021 年 2 月 26 日登录 202 账套,完成以下操作:

(1)以李茜(302)的身份完成采购系统月末结账。

(2)以王丽(402)的身份完成销售系统月末结账。

(3)以李英(502)的身份完成库存系统月末结账。

(4)以李英(502)的身份对材料库、产品库分别进行月末处理。

(5)以郭秀(204)的身份完成核算系统月末处理和结账。

训练指导

1. 采购系统月末结账

登录采购系统。执行"月末结账"命令,打开"月末结账"对话框,完成采购系统月末结账。

> **提示:**
>
> • 月末结账后,如果发现已结账的某单据录入有误,可选中该月份,单击"取消记账"按钮,将该月的月末结账取消。
> • 不能跳月取消月末结账,即只能从最后一个月逐月取消。

- 没有期初记账,不能进行月末结账。
- 当选择审核日期为单据日期时,本月单据(包括发票和应付单)必须在结账前全部审核。
- 当选择审核日期为业务日期时,截止到本月末还有未审核单据(包括发票和应付单),照样可以进行月结处理。
- 如果本月还有未核销的结算单,不能结账。

2. 销售系统月末结账

登录销售系统。执行"月末结账"命令,打开"月末结账"对话框,完成销售系统月末结账。

> **提示:**
>
> - 上月未结账,本月不能结账。
> - 本月还有未审核/复核单据时,仍可进行月度结账,但年底结账时,所有单据必须审核/复核完成才能结账。
> - 上月未结账,本月可以增加、修改、审核单据。
> - 已结账的月份不能再录入单据。
> - 年底结账时,先进行数据备份后再结账。
> - 先进行采购系统结账,本系统才能结账。
> - 与库存和核算系统集成使用时,本系统应先于这些系统进行月末结账。
> - 与库存和核算系统集成使用时,这些系统月末结账后,本系统不能取消月末结账。
> - 本功能为独享功能,与系统中所有功能的操作互斥,即在操作本功能前,应确定其他功能均已退出。
> - 在网络环境下,要确定本系统内所有的网络终端已退出了所有的功能。

3. 库存系统月末结账

登录库存系统。执行"月末结账"命令,打开"月末结账"对话框,完成库存系统月末结账。

> **提示:**
>
> - 本月有未审核的盘点单时,不能进行月末结账。
> - 当前会计月所有工作全部完成,才能进行月末结账。
> - 库存、采购和销售系统集成使用,必须在采购和销售系统结账后,库存系统才能进行结账。
> - 只能对当前会计月进行结账,即只能对最后一个结账月份的下一个会计月进行结账。
> - 月末结账之前一定要进行数据备份。
> - 月末结账后不能再做当前会计月的业务,即只能做下个会计月的日常业务。
> - 当某月结错账时,可用"取消结账"功能取消结账状态,然后将该月业务处理完毕后,再结账。
> - 如果库存和核算系统集成使用,核算系统必须处于当月未结账状态或取消结账后,库存系统才能取消结账。

4. 核算系统月末处理

登录核算系统。执行"月末处理"命令,打开"月末处理"对话框,完成核算系统的期末处理。

> **提示:**
>
> • 本月已进行期末处理的仓库 / 部门不能再进行期末处理。

5. 核算系统月末结账

登录核算系统。执行"月末结账"命令,打开"月末结账"对话框,完成核算系统月末结账。

> **提示:**
>
> • 由于本会计月的单据可以压单下月记账,因此应检查本会计月工作是否已全部完成,只有在当前会计月所有工作全部完成的前提下,才能进行月末结账,否则会遗漏某些业务。

 训练结果

输出 202 账套,保存到"202 账套备份 / 训练 2.2.4"文件夹中。

 训练参考

(1) 2021 年 2 月末记账的记账凭证清单见表 2-2-17。

表 2-2-17

记账凭证清单(未记账)

制单日期	凭证编号	摘要	科目	方向	金额	系统名
2021.02.08	记 – 0001	采购入库单	原材料——红酸枝木	借	162 000.00	核算
2021.02.08	记 – 0001	采购入库单	在途物资	贷	162 000.00	核算
2021.02.08	记 – 0002	专用发票	在途物资	借	164 752.29	应付
2021.02.08	记 – 0002	专用发票	应交税费——应交增值税(进项税额)	借	21 307.71	应付
2021.02.08	记 – 0002	专用发票	应付账款	贷	3 000.00	应付
2021.02.08	记 – 0002	专用发票	应付账款	贷	183 060.00	应付
2021.02.09	记 – 0003	核销	应付账款	借	3 000.00	应付
2021.02.09	记 – 0003	核销	应付账款	借	183 060.00	应付
2021.02.09	记 – 0003	核销	银行存款——工行存款	贷	186 060.00	应付
2021.02.12	记 – 0004	销售出库单	主营业务成本	借	60 000.00	核算

制单日期	凭证编号	摘要	科目	方向	金额	系统名
2021.02.12	记－0004	销售出库单	库存商品——祥源衣柜	贷	60 000.00	核算
2021.02.12	记－0005	应收账款	应收账款	借	88 140.00	应收
2021.02.12	记－0005	应收账款	主营业务收入	贷	78 000.00	应收
2021.02.12	记－0005	应收账款	应交税费——应交增值税（销项税额）	贷	10 140.00	应收
2021.02.15	记－0006	核销	银行存款——工行存款	借	40 000.00	应收
2021.02.15	记－0006	核销	预收账款	贷	40 000.00	应收
2021.02.15	记－0007	预收冲应收	预收账款	贷	40 000.00	
2021.02.15	记－0007	预收冲应收	应收账款	贷	40 000.00	
2021.02.15	记－0008	核销	银行存款——工行存款	借	48 140.00	
2021.02.15	记－0008	核销	应收账款	贷	48 140.00	

（2）操作至此，本次训练的账套数据已备份至 http://abook.hep.com.cn/sve 本课程的"丽达账套数据／训练 2.2.4 购销存系统月末处理"中。

第 3 部分　基本理论知识训练

本部分为与主教材相配套的基本理论知识训练题,题型主要包括单项选择题、多项选择题、判断题。

方案 3.1　工资系统与固定资产系统独立应用

一、单项选择题

1. (　　)负责定义各操作人员的权限。
   - A. 财务主管
   - B. 账套主管
   - C. 电算主管
   - D. 系统管理员

2. 系统初始化是指将通用会计软件转变为(　　)。
   - A. 单用户软件
   - B. 系统软件
   - C. 专用会计核算软件
   - D. 多用户软件

3. 在会计软件中,系统管理员不允许进行(　　)操作。
   - A. 清除异常任务
   - B. 修改账套
   - C. 建立账套
   - D. 设立自动备份计划

4. 有权在系统中建立企业账套的是(　　)。
   - A. 企业总经理
   - B. 系统管理员
   - C. 账套主管
   - D. 销售经理

5. 对于会计软件老用户来说,建立新年度账后,可以对账套中相关信息进行调整,但(　　)信息不能修改。
   - A. 凭证类别
   - B. 期初余额
   - C. 账套启用日期
   - D. 会计科目

6. 将通用会计软件转变为满足企业特定需要的系统,维持会计软件运行的基础是(　　)。
   - A. 期末处理
   - B. 系统管理
   - C. 日常处理
   - D. 系统初始化

7. 不属于在建立账套时应建立的信息是(　　)。
   - A. 设置账套信息
   - B. 设置单位信息
   - C. 确定核算类型
   - D. 录入期初余额

8. 操作员的初始密码由(　　)指定。
   - A. 账套主管
   - B. 操作员本人
   - C. 系统管理员
   - D. 企业总经理

9. 删除账套和（   ）的操作基本一样。

    A. 引入账套   B. 输出账套

    C. 建立账套   D. 修改账套

10. 一般地，会计软件最多可建立（   ）个账套。

    A. 99   B. 100

    C. 999   D. 1 000

11. 若以账套主管的身份注册登录系统管理，则"操作员权限设置"窗口中显示的是（   ）权限。

    A. 系统管理员   B. 所有操作员

    C. 账套主管本人   D. 会计

12. 关于"部门"的表述，正确的是（   ）。

    A. 在某使用单位管辖的、能分别进行财务核算或业务管理的单元体

    B. 各单位的财务部门

    C. 某单位的财务部门

    D. 某单位的销售部门

13. 设置部门档案，应以（   ）身份进行操作。

    A. 账套主管   B. 系统维护员

    C. 会计   D. 出纳

14. 假设部门编码级次为"1-2-3"，则正确的部门编码是（   ）。

    A. 办公室   201001   B. 办公室   02002

    C. 办公室   0202   D. 办公室   1100101

15. 关于"职员"的表述，正确的是（   ）。

    A. 采购员   B. 业务员

    C. 财务工作人员   D. 企业各部门的工作人员

16. 不属于工资系统初始设置的是（   ）。

    A. 建立人员档案   B. 设置工资类别

    C. 设置人员考核指标   D. 设置银行名称

17. 不属于工资系统基础信息设置的是（   ）。

    A. 个人所得税设置   B. 工资费用分摊设置

    C. 工资类别所对应的部门设置   D. 应收款核销设置

18. 在使用工资系统之前，企业应对（   ）进行整理、分类和编码。

    A. 材料   B. 部门和人员

    C. 产品   D. 固定资产

19. 在工资系统中,工资数据编辑的所有项目内容均来自( )的设置。

    A. 工资项目   B. 职工编号

    C. 职工项目   D. 部门

20. 在工资系统中,可将工资数据分成两大类,即固定数据和变动数据。属于固定数据的是( )。

    A. 每月扣款   B. 出勤天数

    C. 实发工资   D. 基本工资

21. 在固定资产系统中,能够区分各项固定资产的标志是( )。

    A. 固定资产编码   B. 固定资产名称

    C. 固定资产使用部门   D. 固定资产类别

22. 在固定资产卡片项目中,不能根据其他项目自动计算得出的是( )。

    A. 月折旧额   B. 月折旧率

    C. 累计折旧   D. 已计提月份

23. 打开工资类别时,工资类别下显示"打开工资类别"和( )。

    A. 建立工资账套   B. 新建工资类别

    C. 关闭工资类别   D. 删除工资类别

二、多项选择题

1. 录入账套信息就是录入那些用于记录新建账套的基本信息,因此,必须录入的项目有( )。

    A. 已存账套   B. 账套号

    C. 账套名称   D. 启用会计期

2. 如果以( )身份登录,则不能指定新的账套主管。

    A. 系统管理员   B. 审核员

    C. 账套主管   D. 出纳

3. 为了便于进行分级核算、统计和管理,系统可以对( )进行设置。

    A. 科目编码级次   B. 客户、供应商分类编码级次

    C. 存货分类编码级次   D. 结算方式编码级次

4. 工资系统主要用来计算职工( ),并根据工资用途进行分配。

    A. 养老保险金   B. 实发工资

    C. 住房公积金   D. 应发工资

5. 工资系统的主要功能包括( )。

    A. 工资计算与汇总   B. 工资分摊

    C. 个税计算   D. 工资发放

6. 固定资产系统的主要功能包括(　　　　　)。

　　A. 固定资产卡片的管理　　　　　　B. 计算固定资产折旧

　　C. 计提折旧方法的定义　　　　　　D. 固定资产增减变动情况的登记

7. 在设置工资项目时,由企业自选决定的有(　　　　　)。

　　A. 增项　　　　　　　　　　　　　B. 减项

　　C. 其他项　　　　　　　　　　　　D. 抵扣项

8. 在工资核算项目中,"增减项"选项应设为"增项"的有(　　　　　)。

　　A. 基本工资　　　　　　　　　　　B. 请假扣款

　　C. 请假天数　　　　　　　　　　　D. 交通补助

三、判断题

(　　) 1. 账套号是区别不同账套的唯一标志。

(　　) 2. 数据还原与数据备份是一个相同的过程。

(　　) 3. 系统初始化的部分设置可以在系统使用后进行修改。

(　　) 4. 使用会计软件时,可以两名会计人员使用同一个账号和密码。

(　　) 5. 建立账套一般需要确定系统的启用日期、使用单位、所属行业、科目编码原则等内容。

(　　) 6. 账套管理主要包括账套的建立和修改两方面工作。

(　　) 7. 操作人的姓名必须录入且唯一。

(　　) 8. 一个企业只能建立一个账套。

(　　) 9. 账套名称就是核算单位名称,因此它必须是唯一的。

(　　) 10. 一个账套只能设一个系统管理员,但账套的主管可以为多个。

(　　) 11. 系统管理员和账套主管都可进入系统管理,并且所具有的权限都是相同的。

(　　) 12. 在工资系统中,固定工资数据可以不用每月录入,但变动工资数据则必须每月录入。

(　　) 13. 要想实现个人所得税的自动计算,工资项目中必须设有"应税所得"项目。

(　　) 14. 工资系统是会计软件中常见的功能模块之一。

(　　) 15. 工资变动数据录入是指录入某个期间内工资项目中经常变化的数据,如奖金、请假扣款等。

(　　) 16. 选择"代扣个人所得税"后,还需要增加"代扣税"工资项目,这样系统才会自动进行代扣税金的计算。

(　　) 17. 选择扣零设置后自动生成工资项目,但扣零的计算公式还需自行定义。

(　　) 18. 固定资产系统可以自动设定固定资产折旧方法,并依此法进行计算折旧,同时自动生成记账凭证。

（　　　）19. 在录入工资数据时，只需录入没有进行公式定义的项目，其余各项由系统根据计算公式自动计算生成。

（　　　）20. 固定资产系统进行月末结账后不能进行反结账处理。

（　　　）21. 对当月投入使用的固定资产，从当月开始计提折旧。

（　　　）22. 使用固定资产系统，减少固定资产，需要先进行计提折旧。

（　　　）23. 个人所得税参数设置后，系统会自动根据职工月工资计算应纳个人所得税税额。

（　　　）24. 固定资产系统在同一个期间内可以多次计提折旧。

（　　　）25. 个人所得税申报表的"显示栏目"和"税率"确定后，系统会自动重新计算个人工薪所得税。

（　　　）26. 只有当账套开始计提折旧后才可以使用资产减少功能。

方案 3.2　财务系统集成应用

一、单项选择题

1. 账套名称、单位名称、行业性质、会计主管等账套信息只在总账参数设置中显示。若要修改,可到(　　)中去修改。

    A. "设置"|"选项"   B. 总账工具

    C. 系统管理   D. 系统修改

2. 选择(　　),当使用银行科目制单时,录入了未在支票登记簿中登记的支票号,系统将要求在支票登记簿上补登该支票信息。

    A. 序时控制   B. 赤字控制

    C. 支票控制   D. 银行控制

3. 录入总账期初余额时,(　　)由系统自动计算。

    A. 一级科目余额   B. 明细科目余额

    C. 中间级科目余额   D. 最低级科目余额

4. 关于工资项目计算公式的表述,正确的是(　　)。

    A. 实发合计 = 应发合计 – 扣款合计   B. 住房公积金 = 应发合计 ×5%

    C. 社会保险费 = 应发合计 ×10%   D. 应发工资 = 基本工资 + 岗位工资

5. 在录入总账期初余额时,如果某一科目中设置了辅助核算类别,还应录入(　　)。

    A. 辅助核算原始余额   B. 总账科目原始余额

    C. 明细科目原始余额   D. 对应科目原始余额

6. 期初余额录入是将手工会计资料录入计算机的步骤之一,余额和累计发生额的录入要从(　　)科目开始。

    A. 一级   B. 二级

    C. 三级   D. 最末级

7. 具有凭证内容修改权限的人员是(　　)。

    A. 记账人   B. 制证人

    C. 审核人   D. 主管会计

8. 当记账凭证录入完毕进行保存时,系统会自动进行检验的项目是(　　)。

    A. 借贷方金额   B. 凭证名称

C. 凭证摘要   D. 业务日期

9. 对于凭证审核中发现的错误凭证,有权修改的人员是(   )。

    A. 会计主管   B. 系统管理员

    C. 凭证的录入者   D. 凭证的审核人

10. 只能由(   )取消该凭证审核的签字。

    A. 记账人   B. 制单人

    C. 审核人   D. 主管会计

11. 在第一次记账时,若期初余额试算不平衡,系统将(   )。

    A. 不允许记账   B. 允许记账

    C. 不允许录入凭证   D. 不允许审核凭证

12. 在总账系统中,对于同类凭证,系统要求按月从(   )开始连续编号。

    A. 01   B. 0

    C. 0001   D. 001

13. (   )是指制单时,凭证编号必须按日期顺序排列。

    A. 制单权限控制   B. 资金赤字控制

    C. 制单序时控制   D. 凭证控制

14. 对于记账处理的说法,不正确的是(   )。

    A. 借贷不平衡,不能记账

    B. 在记账过程中,不得中断退出

    C. 每月可多次记账

    D. 在记账过程中,中断退出不会影响记账结果

15. 期间损益结转是指在一个会计期间终了时对损益类科目余额的结转,一般将所有损益类科目的余额转入(   )科目。

    A. 主营业务收入   B. 主营业务成本

    C. 本年利润   D. 所得税费用

16. 在账务处理过程中,凭证的修改应当在(   )之前进行。

    A. 结账   B. 审核

    C. 记账   D. 打印

17. 记账凭证的编号应(   )。

    A. 由计算机自动生成   B. 连续

    C. 分类排序   D. 由会计人员自行排序

18. 凭证正文内容包括摘要、辅助信息、金额、(   )。

    A. 数量和单价   B. 会计科目

C. 单位代码   D. 结算方式和票号

19. 如果要对同一工资项目做统一变动,可通过(   )功能提高修改速度。

    A. 页编辑   B. 定位

    C. 过滤   D. 数据替换

20. 需要在计提折旧后方可操作的功能是(   )。

    A. 新增卡片   B. 资产评估

    C. 资产减少   D. 部门变动

21. 固定资产系统中的计提折旧是通过(   )传到总账系统中。

    A. 固定资产卡片   B. 固定资产总账

    C. 折旧相关凭证   D. 折旧相关报表

22. (   )不属于固定资产系统日常业务。

    A. 原始卡片录入   B. 固定资产增加

    C. 固定资产减少   D. 固定资产变动

23. 关于结账的表述,不正确的是(   )。

    A. 结账后,下一期间的凭证可以记账

    B. 结账后,不能录入已结账的凭证

    C. 结账后,才可以录入下一期间的凭证

    D. 结账后,默认会计期间会自动转为下一期间

24. 银行对账的初始设置是(   )。

    A. 设置银行日记账   B. 银行业务凭证输入

    C. 银行期初余额输入   D. 银行对账单输入

25. 手工对账是自动对账的(   )。

    A. 关键   B. 过滤

    C. 补充   D. 核心

26. 在固定资产系统中,当处理(   )事项时,不需要填制相应的记账凭证。

    A. 计提折旧   B. 固定资产增加

    C. 固定资产存放地点变动   D. 固定资产原值变动

27. 在固定资产系统中,能够自动完成固定资产业务凭证的填制工作,并传递给(   )
系统。

    A. 总账   B. 成本管理

    C. 资金管理   D. 设备管理

28. 关于固定资产系统模块功能的表述,不正确的是(   )。

    A. 能够完成固定资产折旧的入账任务

B. 能够完成制造费用分配凭证的填制任务

C. 能够完成固定资产折旧的计算任务

D. 能够完成固定资产折旧分配凭证的填制任务

二、多项选择题

1. 在设置外币时,需要录入(　　　　　)信息。

　A. 固定汇率　　　　　　　　　B. 币名

　C. 折算方式　　　　　　　　　D. 币符

2. 建立会计科目时,应录入的基本内容包括(　　　　　)。

　A. 科目类型　　　　　　　　　B. 科目名称

　C. 账页格式　　　　　　　　　D. 科目编码

3. 总账系统初始设置的内容主要有(　　　　　)。

　A. 系统参数设置　　　　　　　B. 设置凭证类别

　C. 录入期初余额　　　　　　　D. 设置会计科目

4. 属于总账系统应设置的业务参数有(　　　　　)。

　A. 科目　　　　　　　　　　　B. 凭证

　C. 账簿　　　　　　　　　　　D. 会计日历

5. 关于期初余额的描述,正确的有(　　　　　)。

　A. 所有科目都必须录入期初余额

　B. 红字余额应录入符号

　C. 期初余额试算不平衡,不能记账,但可以填制凭证

　D. 如果已经记过账,则还可以修改期初余额

6. 制单控制系数设置包括(　　　　　)。

　A. 制单序时控制　　　　　　　B. 支票控制

　C. 赤字控制　　　　　　　　　D. 制单权限控制到科目

7. 在会计电算化条件下,若发现已审核或已记账的记账凭证有错,可采用的更正方法有(　　　　　)。

　A. 画线更正法　　　　　　　　B. 蓝字更正法

　C. 红字凭证冲销法　　　　　　D. 补充凭证法

8. 关于凭证修改的叙述,正确的有(　　　　　)。

　A. 未审核的机内凭证,可以直接修改

　B. 已审核的凭证,应先取消审核,然后再进行修改

　C. 已记账的凭证,可采用红字凭证冲销法进行更正

　D. 已记账的凭证,可采用补充凭证法进行更正

9. 在总账系统中填制凭证,要求(　　　　)。

   A. 会计分录中的一条记录,其金额只有一个方向

   B. 金额不能为"零",红字以"-"号表示

   C. 在同一方向的科目中,其明细科目不能有多个

   D. 必须有借方和贷方科目,借贷双方金额必须相等

10. 计算机不能自动完成的操作有(　　　　)。

   A. 结账　　　　　　　　　　　B. 凭证审核

   C. 凭证录入　　　　　　　　　D. 记账

11. 固定资产系统日常业务处理包括(　　　　)。

   A. 固定资产增加核算　　　　　B. 固定资产减少核算

   C. 固定资产变动核算　　　　　D. 固定资产折旧处理

12. 属于固定资产变动内容的有(　　　　)。

   A. 原值变动　　　　　　　　　B. 部门转移

   C. 使用年限调整　　　　　　　D. 资产类别调整

13. 在会计软件中,可以对(　　　)进行查询。

   A. 明细账　　　　　　　　　　B. 多栏账

   C. 个人往来账　　　　　　　　D. 总账

14. 基本会计账簿管理包括(　　　)的查询及打印。

   A. 总账　　　　　　　　　　　B. 余额表

   C. 明细账　　　　　　　　　　D. 客户往来账

15. 属于出纳管理的工作有(　　　　)。

   A. 填制凭证　　　　　　　　　B. 支票管理

   C. 银行对账　　　　　　　　　D. 现金日记账的管理

16. 不能进行月末结账的有(　　　　)。

   A. 总账与明细账不相符　　　　B. 科目余额试算不平衡

   C. 漏记本月发生的业务　　　　D. 有未记账凭证

17. 固定资产的增加方式主要有(　　　　)。

   A. 捐赠　　　　　　　　　　　B. 投资者投入

   C. 融资租入　　　　　　　　　D. 直接购买

三、判断题

(　　) 1. 某企业会计科目使用了全编码方案,一级为4位,二级为2位,三级为2位,四级为2位,则10010101科目是二级科目。

(　　) 2. 设置操作员权限的目的是防止工作人员进行越权操作。

（　　）3. 企业可不进行凭证分类，即只设置"记账凭证"一种凭证类别。

（　　）4. 会计科目可以随时修改。

（　　）5. 要进行项目核算，需在设置科目属性时，将其设为"项目核算"类型。

（　　）6. 指定会计科目就是指定出纳专管的科目。只有完成了指定科目的设置，才能执行出纳签字，才能查看现金日记账和银行存款日记账。

（　　）7. 在总账系统中，不能删除有发生额的科目。

（　　）8. 总账系统初始设置一般包括：设置基础档案、设置会计科目、设置凭证类别、录入期初余额等。

（　　）9. 在进行系统初始设置之前应首先启动并注册总账系统。

（　　）10. 总账系统参数设置后一般不能随意更改。

（　　）11. 在总账系统中，一般只需要对末级科目录入期初余额，系统会根据下级科目自动汇总生成上级科目的期初余额。

（　　）12. 期初余额录入完毕后，如果试算不平衡，则不能进行日常处理。

（　　）13. 在期初余额录入完毕后，应该进行试算平衡，以检查期初余额的录入是否正确。

（　　）14. 辅助核算科目的期初余额通常在辅助录入窗口中录入，不在总账期初余额录入窗口中录入。

（　　）15. 在录入总账系统期初余额时，只需录入最末级会计科目的余额。

（　　）16. 如果借贷标志不能改变，余额可用"－"符号表示。

（　　）17. 凭证记账后，若发现期初余额有错，也可以修改。

（　　）18. 在对账不平的情况下，固定资产系统不能月末结账。

（　　）19. 工资项目计算公式也可手工录入。

（　　）20. 会计科目余额的方向应以科目属性或类型为准，不以当前余额方向为准。

（　　）21. 总账系统期初余额试算不平衡，不能记账，也不能填制记账凭证。

（　　）22. 记账凭证在审核中发现有错，只能填制一张相反记账凭证或补充记账凭证进行更正。

（　　）23. 凭证审核是指由凭证录入人员对其所录入的凭证进行检查确认。

（　　）24. 不同操作员录入的记账凭证只能由凭证录入人员本人对其进行记账操作。

（　　）25. 凭证编号只能由系统自动生成。

（　　）26. 审核人员和制单人员不能是同一个人。

（　　）27. 在固定资产系统中，设置资产类别编码不可以重复，但同一级类别名称可以相同。

（　　）28. 现金日记账和银行存款日记账需要每日打印。

（　　）29. 银行对账后,系统自动生成"银行存款余额调节表"。

（　　）30. 只有对账正确,才能进行结账操作。

（　　）31. 结账工作每月只能进行一次。

（　　）32. 当审核记账凭证时发现工资费用结转凭证有错,则在总账系统中直接修改。

（　　）33. 固定资产系统自动进行折旧费用分配的前提是:指定每项固定资产的经济用途。

方案 3.3　财务报表系统应用

一、单项选择题

1. 在财务报表系统中,设置关键字的操作必须在(　　)状态下进行。
   - A. 数据
   - B. 其他
   - C. 格式
   - D. 文本

2. 在财务报表系统中,报表结构包括(　　)。
   - A. 报表格式
   - B. 报表公式
   - C. 报表中的数字
   - D. 报表字符

3. 在财务报表系统中,报表数据产生溢出,是由于表栏的宽度(　　)数据的实际宽度。
   - A. 小于
   - B. 大于
   - C. 小于等于
   - D. 等于

4. 调用预置报表模板的操作是执行(　　)命令。
   - A. "格式"|"套用格式"
   - B. "格式"|"报表模板"
   - C. "格式"|"自定义模板"
   - D. "编辑"|"报表模板"

5. 录入关键字要在(　　)下录入。
   - A. 格式状态
   - B. 数据状态
   - C. 静止状态
   - D. 动态状态

6. 组成报表的最小基本单位是(　　)。
   - A. 组合单元
   - B. 表体
   - C. 变动单元
   - D. 表单元

7. 报表关键字的值是(　　)。
   - A. 由键盘录入的
   - B. 在格式状态下设置的
   - C. 在数据状态下设置的
   - D. 由文件导入的

8. 在财务报表系统中,不需要录入的数据是(　　)。
   - A. 原始凭证数据
   - B. 记账凭证数据
   - C. 财务报表数据
   - D. 初始数据

9. 设置"表尺寸"的操作是执行(　　)命令。
   - A. "格式"|"表尺寸"
   - B. "格式"|"行高"

C. "格式" | "列宽"   D. "格式" | "画线"

10. 关键字的位置可以通过关键字的（   ）来调整。

    A. 相对位置   B. 相对偏移量

    C. 相应正数   D. 相应负数

11. 在自定义报表时，（   ）是必须设置的。

    A. 取数公式   B. 审核公式

    C. 校验公式   D. 舍位平衡公式

二、多项选择题

1. 报表的表体一般包括（   ）。

    A. 报表名称   B. 报表编制日期

    C. 编制单位   D. 使用货币单位

2. 报表公式主要包括（   ）。

    A. 单元公式   B. 运算公式

    C. 审核公式   D. 舍位平衡公式

3. 财务报表系统的基本操作过程包括（   ）。

    A. 报表格式设置   B. 定义运算公式

    C. 报表数据处理   D. 报表打印输出

三、判断题

（   ）1. 财务报表系统应以账套主管身份登录。

（   ）2. 调用资产负债表必须在格式状态下打开报表模板。

（   ）3. 报表格式设置完毕后，要及时保存，以便随时调用。

（   ）4. 报表的数据处理必须在数据状态下进行。

（   ）5. 在数据状态下可以修改报表格式。

（   ）6. 关键字的值是在格式状态下设置的。

（   ）7. 在格式状态下，所看到的是报表的数据。

（   ）8. 应在格式状态下设置关键字的显示位置。

（   ）9. 在定义组合单元时，要先选择组合区域。

（   ）10. 在录入报表项目时，一定要录入编制单位和日期。

（   ）11. 关键字的位置是指关键字在某单元或组合单元的位置。

（   ）12. 关键字的偏移向左为负，向右为正。

方案 3.4　财务业务一体化应用

一、单项选择题

1. 应以（　　）的身份启用购销存系统和核算系统。
   A. 账套主管
   B. 采购员
   C. 销售员
   D. 会计

2. 在购销存系统中设置操作员权限，主要是设置采购员和（　　）的权限。
   A. 会计
   B. 销售员
   C. 主管
   D. 业务员

3. 设置存货档案时，应执行（　　）命令。
   A. "基础设置"|"存货"|"存货档案"
   B. "基础设置"|"存货"|"仓库档案"
   C. "基础设置"|"存货"|"收发类别"
   D. "基础设置"|"购销存"|"存货档案"

4. 核算系统是购销存系统与（　　）联系的桥梁。
   A. 总账系统
   B. 应收账款系统
   C. 工资系统
   D. 固定资产系统

5. 在购销存系统中录入期初数据，其中客户往来期初数据应在（　　）中录入。
   A. 销售系统
   B. 采购系统
   C. 总账系统
   D. 工资系统

6. 各个仓库的期初余额既可在库存系统中录入，也可以在（　　）中录入。
   A. 核算系统
   B. 总账系统
   C. 采购系统
   D. 销售系统

7. 以采购发票和付款单作为原始数据，完成各种应付款的登记、核销，以及生成凭证的系统是（　　）。
   A. 总账系统
   B. 库存系统
   C. 核算系统
   D. 工资系统

8. 在购销存系统初始设置中，需要录入每笔（　　）的往来业务单据。
   A. 将要发生
   B. 已发送
   C. 所有
   D. 未核销

9. 销售发票应在（　　）中复核，在核算系统中生成收款凭证或转账凭证，并传递到总账系统。

      A. 销售系统   B. 采购系统

      C. 库存系统   D. 核算系统

二、多项选择题

1. 关于购销存系统的说法,正确的有(   )。

    A. 只有当月结账后,才可以开始下月工作

    B. 月末结账工作是在系统引导下完成的

    C. 只有系统管理员和账套主管,才有权启用购销存系统

    D. 如果库存系统和核算系统集成使用,核算系统必须完成月末结账或取消结账后,库
存系统才能取消结账

2. 购销存系统的初始设置包括(   )。

    A. 存货分类   B. 存货档案

    C. 仓库档案   D. 收发类别

3. 存货档案的存货属性包括(   )类型。

    A. 外购   B. 生产耗用

    C. 自制   D. 销售

三、判断题

    (   )1. 由于存货一般存放在仓库,因此要对存货进行核算管理,就必须先建立仓库
档案。

    (   )2. 设置存货的收发类别,就是设置用来表示存货的出入库类型。

    (   )3. 有保质期的存货必须设定批次管理。

    (   )4. 录入采购系统期初数据,包括票到货未到和货到票未到两种情形。

    (   )5. 采购结算可通过执行"采购"|"采购结算"命令完成,有手工结算和自动结算
两种方式。

    (   )6. 进行采购业务处理之前,必须先执行期初记账。

    (   )7. 核销往来业务时,准备进行核销的应付款金额与核销的付款金额必须相等。

    (   )8. 应收款核销就是确定收款与采购发票、应收单据之间的对应关系。

    (   )9. 采购系统月末结账后,如果发现某单据有错,必须先取消结账再进行修改。

    (   )10. 如果采购系统的结算单还有未核销的,不能结账。

    (   )11. 销售系统年底结账时,必须先进行数据备份后再进行结账。

    (   )12. 如果库存系统和核算系统集成使用,核算系统必须完成月末结账或取消结账
后,库存系统才能取消结账。

附

模 拟 试 卷

(时间:90 分钟)

一、单项选择题(每题 1 分,共 40 分)

1. 修改凭证时,有权取消出纳签字的人员是( )。

   A. 账套主管　　　　　　　　　　B. 会计

   C. 出纳本人　　　　　　　　　　D. 系统管理员

2. 当记账凭证录入完毕进行保存时,系统会自动进行( )检验。

   A. 借贷方金额　　　　　　　　　　B. 凭证名称

   C. 凭证摘要　　　　　　　　　　D. 业务日期

3. 关于科目名称和科目编码关系的表述,正确的是( )。

   A. 科目编码是必需的,科目名称可以为空

   B. 科目名称和科目编码是唯一对应关系

   C. 科目名称是必需的,科目编码可以为空

   D. 科目名称和科目编码可设定其一

4. 当发生( )事项变动时,不需要相应修改固定资产卡片。

   A. 使用部门　　　　　　　　　　B. 固定资产原值

   C. 会计期间　　　　　　　　　　D. 使用年限

5. 当审核凭证时发现凭证有错,有权修改的人员是( )。

   A. 会计主管　　　　　　　　　　B. 系统管理员

   C. 凭证的录入者　　　　　　　　D. 凭证的审核人

6. 我国会计电算化工作起步于( )。

   A. 20 世纪 60 年代　　　　　　　B. 20 世纪 50 年代

   C. 20 世纪 80 年代　　　　　　　D. 20 世纪 70 年代

7. 可以修改的凭证是( )。

   A. 已记账的凭证　　　　　　　　B. 已结转的凭证

   C. 已通过审核的凭证　　　　　　D. 被撤销审核的凭证

8. 在设置会计科目时,凡是与其他系统有关的科目,在整理时都应将该核算大类在总账系统中设为(　　　)。

    A. 一级科目　　　　　　　　　　　B. 上级科目

    C. 明细科目　　　　　　　　　　　D. 下级科目

9. 关于工资数据录入的表述,不正确的是(　　　)。

    A. 可以筛选需要录入的人员和项目

    B. 录入工资数据前,必须设定好工资项目

    C. 不是每个工资项目都需要每月录入的

    D. 所有工资项目都要录入

10. 关于结账的表述,不正确的是(　　　)。

    A. 结账后,下一期间的凭证可以记账

    B. 结账后,不能录入已结账的凭证

    C. 结账后,才可以录入下一期间的凭证

    D. 结账后,默认会计期间会自动转为下一期间

11. 具有凭证内容修改权限的人员是(　　　)。

    A. 记账人　　　　　　　　　　　　B. 制证人

    C. 审核人　　　　　　　　　　　　D. 主管会计

12. 若会计科目的编码方案为4-2-2-2,则属于三级科目全编码的是(　　　)。

    A. 100101　　　　　　　　　　　　B. 10010102

    C. 1001010101　　　　　　　　　　D. 0101

13. 调用常用凭证后,仍需要录入的内容是(　　　)。

    A. 发生额　　　　　　　　　　　　B. 借方科目

    C. 摘要　　　　　　　　　　　　　D. 凭证类别

14. 在人员档案信息中,(　　　)属于计算工资的必备项。

    A. 电话　　　　　　　　　　　　　B. 所属部门

    C. 身份证号码　　　　　　　　　　D. 性别

15. 不属于会计科目设置的内容是(　　　)。

    A. 辅助核算项目　　　　　　　　　B. 余额方向

    C. 数量单位　　　　　　　　　　　D. 明细账格式

16. 不属于工资系统初始设置的内容是(　　　)。

    A. 设置银行名称　　　　　　　　　B. 建立人员档案

    C. 设置人员类别　　　　　　　　　D. 设置人员考核指标

17. 关于报表格式的表述,不正确的是(　　　)。

A. 定义报表格式相当于手工绘制空白表格

B. 一次定义多次使用

C. 表格中的字体可以进行调整

D. 表格颜色是固定的

18. 在第一次记账时,若期初余额试算不平衡,系统将(　　)。

　　A. 不允许记账　　　　　　　　　B. 允许记账

　　C. 不允许录入凭证　　　　　　　D. 不允许审核凭证

19. 当月的记账凭证必须全部记账,如有未记账的当月凭证,系统将(　　)。

　　A. 不能结账　　　　　　　　　　B. 继续结账

　　C. 转到下一个月　　　　　　　　D. 转到下一年度

20. 在总账系统中,每张凭证借贷方金额的平衡关系是由(　　)校对的。

　　A. 手工　　　　　　　　　　　　B. 录入员

　　C. 系统自动　　　　　　　　　　D. 审核员

21. 在建立会计科目功能中,建立科目的顺序是先建(　　)科目。

　　A. 二级　　　　　　　　　　　　B. 明细

　　C. 一级　　　　　　　　　　　　D. 最末级

22. 在财务报表系统中,报表结构包括(　　)。

　　A. 报表格式　　　　　　　　　　B. 报表公式

　　C. 报表中的数字　　　　　　　　D. 报表格式和报表公式

23. 在总账系统中,对于同类凭证,系统要求按月从(　　)开始连续编号。

　　A. 01　　　　　　　　　　　　　B. 0

　　C. 0001　　　　　　　　　　　　D. 001

24. 在财务报表系统中,同一个会计期间内的报表,在任何条件均未改动的情况下,一次生成和多次生成的结果是(　　)的。

　　A. 相同　　　　　　　　　　　　B. 不同

　　C. 不一定相同　　　　　　　　　D. 累加起来

25. "管理费用"科目通常设置的辅助核算是(　　)。

　　A. 个人往来　　　　　　　　　　B. 部门核算

　　C. 项目核算　　　　　　　　　　D. 客户往来

26. 在财务报表系统中,录入关键字必须在(　　)状态下进行。

　　A. 格式　　　　　　　　　　　　B. 数据

　　C. 静止　　　　　　　　　　　　D. 运动

27. 固定资产变动包括(　　)。

A. 固定资产增加   B. 固定资产减少

C. 固定资产盘盈或盘亏   D. 计提固定资产折旧

28. 凭证一旦保存,其(　　　)不能修改。

A. 制单日期   B. 摘要

C. 凭证编号   D. 金额

29. 以(　　　)的身份启用购销存系统和核算系统。

A. 账套主管   B. 采购员

C. 销售员   D. 会计

30. 在购销存系统中设置操作员权限,主要是采购员和(　　　)权限。

A. 会计   B. 销售员

C. 主管   D. 业务员

31. 设置存货档案时,应执行(　　　)命令。

A. "基础设置"|"存货"|"存货档案"   B. "基础设置"|"存货"|"仓库档案"

C. "基础设置"|"存货"|"收发类别"   D. "基础设置"|"购销存"|"存货档案"

32. 核算系统是购销存系统与(　　　)联系的桥梁。

A. 总账系统   B. 应收账款系统

C. 工资系统   D. 固定资产系统

33. 在购销存系统中录入期初数据,客户往来期初数据应在(　　　)中录入。

A. 销售系统   B. 采购系统

C. 总账系统   D. 工资系统

34. 各个仓库的期初余额既可在库存系统中录入,也可以在(　　　)中录入。

A. 核算系统   B. 总账系统

C. 采购系统   D. 销售系统

35. 以采购发票和付款单为原始数据,完成各种应付款的登记、核销,以及生成凭证的系统是(　　　)。

A. 总账系统   B. 库存系统

C. 核算系统   D. 工资系统

36. 在购销存系统初始设置中,需要录入每笔(　　　)的往来业务单据。

A. 将要发生   B. 已发送

C. 所有   D. 未核销

37. 销售发票在(　　　)中复核,在核算系统中生成收款凭证或转账凭证,并传递到总账系统。

A. 销售系统   B. 采购系统

C. 库存系统　　　　　　　　　　　　D. 核算系统

38. （　　　）是指制单时，凭证编号必须按日期顺序排列。

A. 制单权限控制　　　　　　　　　　B. 资金赤字控制

C. 制单序时控制　　　　　　　　　　D. 凭证控制

39. 关于记账处理的说法，不正确的是（　　　）。

A. 借贷不平衡，不能记账

B. 在记账过程中，不得中断退出

C. 每月可多次记账

D. 在记账过程中，中断退出不会影响记账结果

40. 期间损益结转是指在一个会计期间终了时对损益类科目余额的结转，一般将所有损益类科目的余额转入（　　　）科目。

A. 主营业务收入　　　　　　　　　　B. 主营业务成本

C. 本年利润　　　　　　　　　　　　D. 所得税费用

二、多项选择题（每题 2 分，共 40 分）

1. 总账系统初始设置的主要内容有（　　　　　）。

A. 设置系统参数　　　　　　　　　　B. 设置凭证类别

C. 录入期初余额　　　　　　　　　　D. 设置会计科目

2. 当（　　　　　　）发生变动时，需要对固定资产卡片内容进行改动。

A. 固定资产使用寿命　　　　　　　　B. 固定资产原值

C. 市场价格　　　　　　　　　　　　D. 固定资产折旧方法

3. 需要填制固定资产记账凭证的有（　　　　　）。

A. 计提固定资产折旧　　　　　　　　B. 固定资产报废

C. 固定资产盘盈　　　　　　　　　　D. 固定资产盘亏

4. 会计软件能够打印的有（　　　　　　）。

A. 记账凭证　　　　　　　　　　　　B. 财务报表

C. 现金日记账和银行存款日记账　　　D. 科目余额表和明细表

5. 通过固定资产账表输出功能可以查询（　　　　　）。

A. 固定资产明细账　　　　　　　　　B. 固定资产折旧表

C. 固定资产统计表　　　　　　　　　D. 固定资产构成表

6. 关于凭证审核的说法，正确的有（　　　　　）。

A. 先在打印出来的凭证上完成凭证审核，然后再由凭证录入人员根据书面审核情况在计算机中完成相应操作

B. 未经审核的凭证不能记账

C. 发现记账凭证有错,审核人员可以删除该凭证,由录入人员重新录入

D. 已审核的凭证不能直接修改

7. 在会计电算化条件下,记账凭证的类别有(　　　　)。

A. 转账凭证　　　　　　　　　　　B. 付款凭证

C. 电算化凭证　　　　　　　　　　D. 收款凭证

8. 填制凭证时,需要录入的内容有(　　　　)。

A. 附件张数　　　　　　　　　　　B. 业务摘要

C. 记账凭证日期和编号　　　　　　D. 会计科目名称或编号

9. 属于财务报表初始设置的内容有(　　　　)。

A. 定义报表公式　　　　　　　　　B. 新建报表

C. 设置报表参数　　　　　　　　　D. 定义报表格式

10. 在工资系统中,录入数据的方式有(　　　　)。

A. 设置计算公式　　　　　　　　　B. 成组录入

C. 按条件成批替换　　　　　　　　D. 从外部直接导入

11. 关于凭证处理的说法,正确的有(　　　　)。

A. 审核人和制单人不能是同一个人　　B. 已审核的凭证,不能修改或删除

C. 取消审核只能由审核人进行　　　　D. 作废的凭证不能被审核

12. 进行工资费用核算时,可能涉及的会计科目有(　　　　)。

A. 制造费用　　　　　　　　　　　B. 库存现金

C. 银行存款　　　　　　　　　　　D. 应付职工薪酬

13. 在(　　　　)情况下,系统要对当前填制的凭证不予认可。

A. 某一行记录只有借方金额

B. 某一行记录中既有借方金额也有贷方金额

C. 某一行记录只有贷方金额

D. 借方金额合计和贷方金额合计不相等

14. 关于结账的说法,正确的有(　　　　)。

A. 月末有尚未记账的凭证,不能结账

B. 每月可多次结账

C. 上个月未结账,下一个月不能记账

D. 月末结账后,不能再录入当月的记账凭证

15. 日常业务处理的任务主要包括(　　　　)。

A. 填制凭证　　　　　　　　　　　B. 审核凭证

C. 记账　　　　　　　　　　　　　D. 结账

16. 记账凭证的凭证头部分包括（　　　　　）等。

    A. 凭证类别和编号　　　　　　　　B. 凭证日期

    C. 摘要　　　　　　　　　　　　　D. 附件张数

17. 固定资产系统为卡片管理提供了（　　　　　）功能。

    A. 卡片录入　　　　　　　　　　　B. 卡片查询

    C. 卡片修改　　　　　　　　　　　D. 卡片删除

18. 关于购销存系统的说法,正确的有（　　　　　）。

    A. 只有当月结账后,才可以开始下月工作

    B. 月末结账工作是在系统引导下完成的

    C. 只有系统管理员和会计主管,才有权启用购销存系统

    D. 如果库存系统和核算系统集成使用,核算系统必须完成月末结账或取消结账后,库
       存系统才能取消结账

19. 购销存系统初始设置包括（　　　　　）。

    A. 存货分类　　　　　　　　　　　B. 存货档案

    C. 仓库档案　　　　　　　　　　　D. 收发类别

20. 存货档案设置中存货属性包括（　　　　　）类型。

    A. 外购　　　　　　　　　　　　　B. 生产耗用

    C. 自制　　　　　　　　　　　　　D. 销售

三、判断题(每题 1 分,共 20 分)

（　　）1. 某企业的会计科目使用了全编码方案,一级为 3 位,二级为 2 位,三级为 2 位,四级为 2 位,则 1010101 科目为二级科目。

（　　）2. 在利用固定资产核算模块计提折旧时,软件将自动提示操作员选择每项固定资产的折旧方法。

（　　）3. 固定资产系统可以自动设定固定资产折旧方法,并依此法进行计算折旧,同时自动生成记账凭证。

（　　）4. 在工资系统中,固定工资数据可以不用每月录入,但变动工资数据则必须每月录入。

（　　）5. 固定资产系统自动进行折旧费用分配的前提是:指定每项固定资产的经济用途。

（　　）6. 在工资系统中,系统可以根据固定数据计算出每个员工的应发工资、实发工资、个人所得税等数据。

（　　）7. 要实现个人所得税的自动计算,工资项目中必须设有"应税所得"项目。

（　　）8. 凭证审核是指由凭证录入人员对其所录入的凭证进行检查确认。

（　　）9. 进入工资系统时要先设置或选择工资类别。

（　　）10. 在录入固定资产卡片时,一项固定资产可以对应多个使用部门,其折旧也可以对应多个转账科目。

（　　）11. 在工资系统初始设置中,应当先设置好工资项目,然后才能设置工资计算公式。

（　　）12. 固定工资数据是指在工资计算中每月固定不变的那部分数据。这些数据一旦录入,以后就不必再录入。

（　　）13. 实现会计电算化后,企业不需要人工填制凭证,可在计算机中直接填制。

（　　）14. 在工资系统中,员工工资的所有项目每月都需要重新录入。

（　　）15. 设置固定资产类别,可以为每一类别指定核算的会计科目和计提折旧的方法。

（　　）16. 按照会计科目全编码方案,一级为3位,二级为3位,三级为2位,四级为2位,则"5711321509"科目编码级次为四级。

（　　）17. 没有在工资系统中建立人员档案的员工,系统无法计算该员工工资。

（　　）18. 采购结算可通过执行"采购"|"采购结算"命令完成,有手工结算和自动结算两种方式。

（　　）19. 进行采购业务处理之前,必须先执行期初记账。

（　　）20. 核销往来业务时,准备进行核销的应付款金额与核销的付款金额必须相等。

会计专业国家规划教材及其配套用书

书号	书名	主编	定价/元
978-7-04-050920-5	基础会计(第五版)	陈伟清、张玉森	32.00
978-7-04-050907-6	基础会计习题集(第五版)	陈伟清、张玉森	34.50
978-7-04-050868-0	基础会计实训(第三版)	杨 蕊	28.00
978-7-04-054045-1	会计基础(第二版)	杜怡萍	33.10
978-7-04-055279-9	会计基础学习指导与练习(第二版)	梁延萍	25.60
978-7-04-049938-4	企业财务会计(第五版)	杨 蕊、梁健秋	36.60
978-7-04-050406-4	企业财务会计同步训练	梁健秋	32.60
978-7-04-052652-3	企业财务会计实训(第三版)	杨 蕊	39.00
978-7-04-049443-3	企业会计实务	徐 俊	43.00
978-7-04-050980-9	企业会计实务学习指导与练习	梁健秋	28.90
978-7-04-053072-8	会计基本技能(第二版)	关 红	24.10
978-7-04-054006-2	会计基本技能强化训练(第二版)	关 红	19.20
978-7-04-	珠算技术(第二版)	孙明德、徐 蓓	
978-7-04-	珠算技术强化训练	徐 蓓	
978-7-04-	传票翻打技能强化训练	关 红	
978-7-04-047645-3	税收基础(第五版)	陈洪法	24.10
978-7-04-048445-8	税收基础同步训练	陈洪法	27.00
978-7-04-056426-6	企业办税实训	王 维、陆 艺	45.10
978-7-04-054134-2	税费计算与缴纳(第二版)	陈 琰	27.70
978-7-04-055533-2	税费计算与缴纳同步训练(第二版)	陈 琰	15.70
978-7-04-049324-5	纳税实务(第四版)	乔梦虎	49.40
978-7-04-	会计电算化(第二版)(T3 云平台)	韩 林	
978-7-04-	会计电算化同步训练(第二版)(T3 云平台)	韩 林	
978-7-04-055717-6	会计电算化(第二版)(T3 云平台)	曹小红	29.80
978-7-04-056407-5	会计电算化上机指导(第二版)(T3 云平台)	曹小红、李 辉	20.80
978-7-04-051989-1	会计实务操作(第二版)	朱玲娇	41.00

书号	书名	主编	定价/元
978-7-04-053440-5	企业会计模拟实习	朱玲娇	35.10
978-7-04-055156-3	会计实务信息化操作(第二版)	曾红卫	38.50
978-7-04-051879-5	会计模拟实习(第四版)	陈红文、许长华	58.00
978-7-04-051256-4	会计单项模拟实习(第三版)	马 明、许长华	39.50
978-7-04-051255-7	会计综合模拟实习(第三版)	林 宏、许长华	33.60
978-7-04-055751-0	中小企业会计实训(第四版)	杨 蕊	46.00
978-7-04-053026-1	会计实务操作(第三版)	杨 蕊	40.50
978-7-04-050906-9	出纳会计实务(第三版)	林云刚、华秋红	22.70
978-7-04-052910-4	出纳会计实务操作(第二版)	林云刚	22.10
978-7-04-048723-7	出纳实务	刘 健	26.10
978-7-04-054274-5	出纳实务同步训练	刘 健	15.30
978-7-04-054135-9	财经法规与会计职业道德(第二版)	韩 菲	32.10
978-7-04-055936-1	财经法规与会计职业道德学习指导与练习(第二版)	余 琼、韩 菲	
978-7-04-050525-2	经济法律法规(第四版)	李新霞	26.70
978-7-04-051924-2	经济法律法规同步训练	李新霞	22.70
978-7-04-	经济法基础	谭治宇	
978-7-04-	经济法基础学习指导与练习	谭治宇	
978-7-04-033068-7	成本会计(第三版)	詹朝阳	23.70
978-7-04-054097-0	成本会计同步训练	詹朝阳	20.60
978-7-04-054165-6	成本业务核算(第二版)	詹朝阳	33.00
978-7-04-055535-6	成本业务核算同步训练(第二版)	詹朝阳	32.30
978-7-04-032247-7	财务管理(第五版)	张海林	32.60
978-7-04-054059-8	财务管理习题集(第五版)	张海林	27.70
978-7-04-051880-1	审计基础知识(第三版)	周海彬	24.70
978-7-04-052894-7	审计基础知识同步训练	周海彬	20.90
978-7-04-049496-9	财政与金融基础知识(第三版)	彭明强	28.10
978-7-04-050386-9	财政与金融基础知识同步训练	彭明强	19.80
978-7-04-051239-7	统计基础知识(第四版)	娄庆松、杨 静	23.80

书号	书名	主编	定价 / 元
978-7-04-051884-9	统计基础知识习题集(第四版)	娄庆松、杨　静	17.80
978-7-04-039596-9	统计基础实训(第二版)	娄庆松	16.50
978-7-04-055711-4	统计信息整理与应用	张寒明	24.00
978-7-04-050323-4	商品流通企业会计(第四版)	张立波	30.90
978-7-04-051876-4	商品流通企业会计习题集(第四版)	张立波	26.10
978-7-04-054843-3	商品流通企业会计实训(第三版)	张立波	30.10
978-7-04-048691-9	收银实务(第三版)	于家臻	21.30
978-7-04-054908-9	收银实务同步训练	于家臻	15.80
978-7-04-048159-4	财经应用文写作	柳胜辉	25.50
978-7-04-051925-9	财经应用文写作同步训练	柳胜辉、何　茹	23.70
978-7-04-050145-2	财经文员实务	林　晓	28.60
978-7-04-028745-5	Excel 在会计中的应用(第三版)	孙万军	22.70
978-7-04-049106-7	涉税业务信息化处理	马　明	29.10
978-7-04-047239-4	成本核算信息化处理	张建强	29.40
978-7-04-027340-3	政府与非营利组织会计(第二版)	尹玲燕、杨常青	17.60
978-7-04-027341-0	政府与非营利组织会计学习指导与练习(附光盘)	尹玲燕	17.90

郑重声明

高等教育出版社依法对本书享有专有出版权。任何未经许可的复制、销售行为均违反《中华人民共和国著作权法》，其行为人将承担相应的民事责任和行政责任；构成犯罪的，将被依法追究刑事责任。为了维护市场秩序，保护读者的合法权益，避免读者误用盗版书造成不良后果，我社将配合行政执法部门和司法机关对违法犯罪的单位和个人进行严厉打击。社会各界人士如发现上述侵权行为，希望及时举报，本社将奖励举报有功人员。

反盗版举报电话　　（010）58581999　58582371　58582488

反盗版举报传真　　（010）82086060

反盗版举报邮箱　　dd@hep.com.cn

通信地址　　北京市西城区德外大街4号
　　　　　　高等教育出版社法律事务与版权管理部

邮政编码　　100120

防伪查询说明

用户购书后刮开封底防伪涂层，利用手机微信等软件扫描二维码，会跳转至防伪查询网页，获得所购图书详细信息。也可将防伪二维码下的20位密码按从左到右、从上到下的顺序发送短信至106695881280，免费查询所购图书真伪。

反盗版短信举报

编辑短信"JB，图书名称，出版社，购买地点"发送至10669588128

防伪客服电话

（010）58582300

学习卡账号使用说明

一、注册/登录

访问http://abook.hep.com.cn/sve，点击"注册"，在注册页面输入用户名、密码及常用的邮箱进行注册。已注册的用户直接输入用户名和密码登录即可进入"我的课程"页面。

二、课程绑定

点击"我的课程"页面右上方"绑定课程"，正确输入教材封底防伪标签上的20位密码，点击"确定"完成课程绑定。

三、访问课程

在"正在学习"列表中选择已绑定的课程，点击"进入课程"即可浏览或下载与本书配套的课程资源。刚绑定的课程请在"申请学习"列表中选择相应课程并点击"进入课程"。

如有账号问题，请发邮件至：4a_admin_zz@pub.hep.cn。